ビンボーになったらこうなった！

橋本玉泉

彩図社

はじめに

誠に僭越ではありますが、最初に簡単な自己紹介をさせていただきたく存じます。

当方、職業はフリーランスのライター、個人の執筆業である。

１９６３年生まれで、１９９９年に結婚し、家族は１つ年下の妻と、中学2年生、小学5年生、同じく2年生の子どもが３人。神奈川県相模原市に5人で暮らしている。

以前は、執筆業の収入だけでも一家５人で何とか生活することができ、２００３年頃には50万円程度だが、ささやかな貯金ができたこともある。

ところが、良い時期というのはなかなか長くは続かない。

２００６年頃から仕事が減るようになり、出版社や編集プロダクションからの連絡も途絶えがちになっていった。

そして、２００７年頃からは目立って受注が少なくなった。時を同じくして、雑誌の休刊なども相次いだ。

当然ながら、収入は激減。そこで、以前やっていた夜勤のアルバイトを何年振りかに再開して家計を補填しようとしたものの、ライターの仕事は減る一方、原稿料は下がる一方で、いくら夜勤を頑張っても、５人暮らしで時給１０００円程度では限界がある。フルに勤務しても、月額10万円が精一杯なのだ。

その後、アルバイトから契約社員になったが、時給がわずか数十円上がった程度で、苦しい状況はなんら変わらない。

民主党政権が終わり、２０１３年には「アベノミクス」という言葉が流行り、世の中も少しは明るくなってきた雰囲気があるが、それでも、筆者は貧乏のままだ。

そんな筆者の貧乏生活や、筆者が考えていることについてまとめたものが、本書である。

とはいえ、テレビで放送している「大家族特集」のように、派手な事件が起こるわけでもなく、さらに「節約術」が学べるような内容でもない。

しかしその分、「リアルな貧乏生活」が垣間見られると思う。

貧乏になると、どんなことが起こるのか。貧乏になると、どんなことで困るのか。貧乏になると、どんなことに腹が立つのか――。

筆者の暮らしを通じ、それが少しでも伝われば幸いである。

ビンボーになったらこうなった！

目次

第1章
ビンボーライフの日常

筆者が貧乏になったわけ

現在の筆者がなぜ貧乏になったかということについては、もちろん筆者自身の読みの甘さ、怠惰や才覚のなさなどが起因しているところが大きいであろうが、それにも増して、やはり長期にわたる不況による部分も少なからずあると思う。

筆者が身を置いている出版関連業界の不況も、とても深刻だ。

筆者は、生協の職員や学習塾の講師、コンビニの雇われ店長などを経て、１９９１年からライター業を始めた。知り合いだった経営関連資料の編集者から誘われてのことだった。

当時は、いわゆるバブル経済崩壊の直後で、マスコミが盛んに騒ぎ立てていたが、世間にはそれほどの悲愴感は漂っておらず、勤め人からフリーランスまでそれほど危機感を抱いていなかった。

フリーのライターであっても、いくらでも仕事にありつくことができた。思い返せば、現在に比べてはるかに良い時期であった。

実際、それからの10年ほどはかなり好調であった。筆者も少しずつ仕事を増やすことができたし、99年には結婚して家庭を持つこともできた。

２００２年頃には、ライターの仕事だけで年収にして５００万円を超えた。しかも、当時としては、筆者の稼ぎは決して多いほうだとはいえなかった。

筆者と同じくらいの収入のライターは珍しくなかったし、知り合いの中にも、年収６００万円台や、それ以上のライターも何人もいたからだ。

やる気と努力と工夫次第で、フリーのライターでも、十分に稼ぐことができたのである。

ところが、２００６年頃から雲行きが変わってきた。出版社や編集プロダクションからの仕事の依頼が徐々に減り始めたのだ。

それまでは、編集部に企画を送ればいくつかは採用されていたし、編集者諸氏からも、「何かネタはないですか？」「こんな企画はできますか？」などといった連絡が頻繁に来ていた。

それが、企画を出してもほとんど採用されなくなった。

どんなものを送っても、すべてボツというパターンが多くなっていった。さらに、編集者からの相談や連絡も激減した。

それでも、最初の頃は「企画を送ってほしい」という連絡だけは毎月のように来ていた。だが、企画を送ってみても、相変わらずボツばかり。これがまず痛手であった。

なぜなら、企画案をまとめて送るという作業は、それなりに時間と手間がかかる。場合によっては図書館などで下調べをしたり、関連の資料を入手したりすることもあるので、相応の費用もかかる。

提出した企画がすべてボツだと、そうした時間と経費は回収できなくなる。

しかも、原稿の執筆には至らないから、収入も激減する。

こういう状況下で、同業者たちからは「お前のやり方が悪い」「もっと要領よくやるべきだ」などと笑われたり呆れられたりしたが、こういうやり方を長年続けてきた筆者には、企画を送り続けるしか能がなかった。

このような、企画を送り続けるだけで収入にはつながらない、いわば「企画貧乏」とでも呼ぶべき状態が長らく続いた。

そして、2007年の夏頃には、編集サイドからはほとんど音信不通状態となり、こちらから連絡しない限り、編集者と話をする機会はほぼなくなった。

しかも、たまに連絡を取ってみても、その編集者が退社していたり、あるいは雑誌そのものの休刊が決定したりといったことが続いた。

以降、知り合いの編集者の退社や雑誌の休刊は珍しくないものになった。

既存のメディアでも、ライターの仕事自体がドンドン減っていった。雑誌などでは記事のページが激減し、グラビアや漫画へと差し替えられていった。中には、記事ページが完全になくなった雑誌さえあった。

こうして、ライターだけでは生活することが困難になっていった。

そのため、2007年半ば頃から、筆者は以前に働いたことのある企業の工場で夜勤を始めた。

当初は22時から翌2時までのシフトだったが、やがて2時から6時までの勤務に変えた。そのほうが、時給が100円高いからである。

ただ、この時はまだ、夜勤の仕事を「ライター業が回復するまでの補充」と考えていた。だが、その後もライター業が回復することはなかった。仕事は減る一方、原稿料は下がる一方、編集者からの理不尽な要求は増す一方だった。

そして、2012年2月、アルバイトとして勤務していた工場から誘われたのをきっかけに、筆者は契約社員になることを決意した。

もはやライターとしての収入が増える見込みはなく、明るい展望など何もなかったからだ。とにかく、家族の日々の生活を支えていくことに精一杯だった。

それは現在も同じである。

「体が動くうちに、少しでも収入が得られることをしなくては」

そういう思いから、週に4日から5日、多いときには週に6日夜勤の仕事を頑張った。

しかし、夜勤で得られる収入は、どんなに頑張っても月額10万円そこそこだ。家賃を払えば、後には水道料金くらいしか残らない。

希望のない肉体労働だが、それでも続けるしか手立てはない。

しかし、結局この契約社員生活は、1年間で終了した。後述（83ページ参照）するが、クルマの故障により、通勤ができなくなってしまったのである。

貧乏人は水を飲め

生きていることはカネのかかるものだと実感するのは、やはり空腹になったときである。生活していくということは「食っていく」ことだと、そのたびに痛感する。

しかし、貧乏生活ゆえできれば節約したい。家ではつい食べ過ぎてしまう筆者だが、打ち合わせなどで外出する際には、なるべくその前に家で食事を済ませておくなど、できるだけ外食を避けるように工夫する。

とはいえ、寝だめと食いだめはできないとの言葉通り、時間が経てば腹は減る。これればかりは、どうしようもない。

カネがあれば、ファストフード店などに入れば済むが、なければそういうわけにはいかない。ひたすら我慢、とにかく我慢である。原始的であるが、それが最も確実で手軽な手段である。

ところで、その昔「貧乏人は麦を食え」などと発言した政治家がいたというが、現在では、到底同じことはいえないだろう。なぜなら、麦は決して安くないのだ。

スーパーなどに並んでいる、いわゆる「押し麦」は、1キロあたりだいたい400～500円。

要するに、白米と変わらないのだ。中には、500グラムで350円くらいする麦もある。

これが外食となると、当然ながらさらに高くなる。最近の自然志向や健康志向を背景に、「麦とろ定食」などをよく見かけるが、これがまた高い。だいたい850〜1000円。もっと高いものもある。チェーン店の牛丼ならば、大盛りが2杯は食べられるだろう。駅の立ち食いそばなら、かけそばを3杯食べられるかもしれない。

貧乏人どころか、麦を食うのは現代では金持ちのほうなのだ。


では、現代では飢えをしのぐためにどうするか。

筆者の場合、「ひたすら水を飲む」という結論に至る。

知り合いからは、「スーパーやデパートの試食を食べまくる」という意見も出た。確かに、それも有効な方法だといえるだろう。

だが、うまい具合に腹に溜まる試食があるという保証もないし、そもそも出先にスーパーやデパートがあるとは限らない。

そして、試食のためにわざわざスーパーなどに寄り道するのは、時間の無駄だといえる。時間も経費の一部である。貧乏人ほど「時は金なり」という言葉の意味をよく考えなくてはならない。

その点、わが国の場合、水ならどこでも無償で手に入る。それこそ、デパートやスーパーでは水はいくらでも使えるし、最近のショッピングモールや複合型商業施設にはフードコートが設けられていて、飲料水のコーナーがあることも多い。

それ以外にも、市役所や図書館などの公共施設、あるいは地下鉄の構内などに、冷水機が設置されていることも少なくない。このように、わが国では「水なら無料で飲み放題」という環境が存在する。実にありがたいことである。

筆者は、こうした誰でも飲料水を飲める施設をフルに利用する。

とはいっても、18リットルのポリタンクを持ち込むようなことはしない。それはさすがにやり過ぎだろう。せいぜい、500ミリのペットボトルに収まる程度の水をもらうくらいである。それを飲むのだ。

このことについては、「水なんか飲んでも腹など膨れないだろう。ごまかしだ」と思われるかもしれないが、まったく、その通りだ。ごまかし、まやかし、現実逃避、そういった類である。

水なんかいくら飲んでも、なんの足しにもならない。汗をかいたり、トイレに行ったりすれば、それで帳消しである。そんなことは百も承知なのだ。普通に食事をとったほうが、どれほどいいか十分に承知している。

しかし、貧乏だとそれができないことが往々にしてある。だから、せめて空腹をごまかすために、水で胃を満たしておこうというわけだ。

それに、もしかしたら筆者のような中年ともなれば、1日1食ちゃんと食べておいて、ほかの2食は水でしのいだほうが健康に良いくらいかもしれない。

ともあれ、そういうわけで、外出する際に筆者が持つカバンの中には、必ず空の500ミリのペットボトルが入っているのである。

「生活保護で楽チン生活」なんてまったくのウソ

２０１２年に、「生活保護」が世間で話題になったことがあった。高収入であるはずの芸能人の親族が受給していたとか、そういう話がきっかけである。

また、その少し前から、若年層にも生活保護を受給する人たちが少しずつではあるが増えているという事実を受けて、週刊誌などが面白おかしく、あるいは扇動的に書き立てたりした。

こうしたことで、生活保護についての誤解が広がってしまったと思う。

以前、「自己破産」について一部のマスコミがバッシングめいた記事を連発したことがあった。つまり、借りたものは返すべきであり、自己破産などもってのほかだという論調である。

そんなバッシングの対象が、最近では生活保護に変わってきている。働きもせずに税金からカネをもらってのうのうと生活するなど、まったく言語道断ということなのだろう。

私見ではあるが、大手新聞社の記者諸氏や大手出版社が発行する週刊誌の編集者諸氏が、貧困にあえぎ苦しんでいる人々の状況をまったく理解できず、このような記事が掲載されるのは無理もないことだと思う。

なぜなら、彼らの多くは高額の給与を手にしているからだ。

もちろん、新聞記者や編集者は激務かつ生活も不規則で、寝る間も惜しんで働いている。

本当に大変な仕事だと思うが、こうした経験から、「必死に働けば生活できるだけの給与は得られる。生活ができないのは、怠けているからだ」という感覚が生み出されているのではないかと感じるのである。

しかし、現実はそうではない。一生懸命働いても、満足に生活できないケースは珍しくない。

固定給制で決まった金額しかもらえず、時間超過で仕事をしても残業代がつかないなどという話はザラで、正社員でもそんなありさまなのだから、派遣社員やパートやアルバイトなどは、それ以上に厳しい。

怠けるどころか、寝る時間も削って働いている人々は多い。実際、そうした人々を、筆者は何度も見てきているのだ。

確かに、生活保護の受給者数は増えており、中には悪質な受給者も存在するのだろうが、やはり、働いても働いても満足な生活ができなかったり、体が弱いなどの事情があって働けず、仕方なく生活保護に頼っているというケースが大半だと思う。

そもそも、「税金からおカネがもらえてそれで生活できるなんて楽チンだ」という認識自体が間違いなのだ。

実は、筆者もかつて生活保護受給を考えたことがあり、生活保護などのサポートを行っているNPO法人「もやい」に相談に行ったことがある。

「もやい」のスタッフは、とても丁寧に対応してくれた。そして面談のうえで、筆者が受給できる最低生活費を算出してくれた。

具体的にいうと、筆者は、夫婦2人と未成年の子どもが3人という家族構成で、神奈川県在住。この場合の最低生活費は、22万5340円であった。

これだけの金額を受け取ることができれば、確かに生活するには十分であろう。

ところが、生活保護とはそれほど甘くはない。

まず、さまざまな制限を受けることとなる。例えば、自家用車は処分の対象となる。

この「クルマは贅沢品」という感覚がとてつもなく時代遅れでおかしいのだが、そんな主張をしてみても無駄である。

ちなみに、最近では、生活保護受給者でもクルマの所持が認められたケースもあるというが、神奈川県というガチガチに保守的な土地では、その望みは極めて薄い。

クルマがなくなれば、生活の足がなくなり、何よりも当時勤めていた工場への通勤ができなくなる。「自立のため」などといいながら、生活保護を受給すれば結果的に仕事を失うことになるのだから、何とも奇妙な話だが、規則がすべてなので反論の余地はない。

さらに驚いたのは家賃の制限である。

筆者の家族は5人中3人が子どもだが、それでも、人間が生活するにはそれなりのスペースが必要になる。例えば、四畳半一間では横になって寝ることもできないだろう。ある程度の広さが、どうしても必要となる。

ところが、試算してもらった住宅扶助の金額は、5万9800円だった。

しばしば誤解されるのだが、生活保護でいう「扶助」とは、「これだけを援助しますよ」ということではない。「そこまでしか上限として認めない」ということなのである。

つまり、「生活保護を受給するならば、家賃5万9800円以下のアパートに住め。それ以上の家賃の物件には住んではいけない」ということなのだ。

いくら筆者が住んでいる相模原市が郊外で、都内などと比べれば家賃が安いとはいえ、さすがに一家5人が住めるような物件を、その額の中で探すのは難しい。

実際、「もやい」のスタッフも、「現状に合っていない場合が多いですが……」といっていた。

また、それ以上に驚いたのは、住宅扶助の額を決める際の区切りである。筆者は素人考えに、家族が1人増えるごとにいくらかずつ加算されるというイメージを持っていた。

しかし、実際にはそうではない。受給者が「1人だけ」「2人から6人」「それ以上」という、かなりざっくりとした区切りで住宅扶助の額は決められるのだ。

つまり、夫婦2人だけの世帯でも、夫婦と成人した子ども4人の合計6人家族でも、まったく同じ家賃までしか認められない。

これについて、筆者は「もやい」のスタッフや、そのほかの生活保護に詳しい人などに聞いてみたが、「決まりなので仕方ない」ということだった。

そして現在、筆者と家族が住んでいるアパートの家賃は9万円である。この場合、生活保護を受給するためには、家賃が5万9800円以下のところに引っ越さなくてはならない。

その引っ越し費用は行政が出してくれるのだというが、それでも、家族5人の引っ越しとなると、物理的な作業は相当なもので、時間も手間も労力もかかる。

しかも、条件の合う物件が近くにあるとは限らない。実際、筆者は探してみたが見つからなかった。

「公営の団地に住めばいい」という人も多い。だが、その公営住宅が神奈川県にはとても少ないのである。

すなわち、かなり遠方に転居しなければならなくなる可能性が高い。

そうなれば、子どもたちも転校しなければならず、筆者も転職を考えなくてはならなくなるかもしれない。

「生活建て直しのためには、まずは家賃の安いところに住め」ということなのだろうが、住み慣れた土地を捨てて見知らぬ場所に移り住んだところで、仕事が見つかるとは限らず、自立できる状況になる保証もない。

第一、長らくこの場所に親しんできた子どもたちの生活や人間関係を壊してしまうことは、絶対にしたくない。

筆者1人が強制労働施設のようなところに放り込まれるならまだよい。むしろ、それは望むところだ。しかし、家族を巻き添えにすることは耐えられない。

結局、筆者は生活保護の受給を断念した。

このように、筆者は生活保護を受給するだけで失うものもかなり多いことを、身をもって知った。だから筆者は、生活保護受給者を揶揄するような人々に対して、つい感情的になってしまうのである。

酒の肴に健康食品のサンプル

最近でこそ酒量が減ったものの、かつて筆者は、酒が趣味でよく飲んでいた。だが、もちろん酒を飲むにもカネがかかる。

「安く酒を楽しみたいなら、自分で密造酒を造ればいい」などという人がたまにいるが、こういう人たちはおそらく、酒造りのことなど何ひとつ知らないのだろう。

酒造りが法律で禁止されているから、などという理由ではない。酒を造るという行為は、自分でやってみれば分かるが、慣れないとかなり大変なことなのである。

酒造りのための機材をそろえるのは苦労しない。普通の家庭の台所にあるものや、１００円ショップで購入できるものなどで、だいたい代用できる。

また、材料もスーパーなどで購入できるし、米や酵母なども高いものを買う必要はない。肝心の造り方も、市販の書籍やインターネットで調べれば、情報は簡単に手に入る。

しかし、実際には温度管理やら発酵具合の確認やらで、相当手間がかかるものなのだ。

筆者も、学生時代にハチミツを原料にした「ミード」という酒や、残りご飯を使ったどぶろくを造ろうと試みたことがあるが、手順通りにやってもうまくいかず、ことごとく失敗した。

結局、手間と時間を空費しただけに終わったのである。

だから、節約を目的として酒を造るというのは、賢い手段とはいえないと思う。

現実には、わざわざ自分で造らずとも、安くて美味しい酒が多々存在する。

まず、筆者はビールや発泡酒は飲まない。嫌いではないが、何より割高で、しかも一度栓（ふた）を開けると、保存ができなくなる。

筆者の中では、ビールや発泡酒は贅沢品なのだ。よって、自分でビールを買ってきて飲むのは、数年に一度、あるかないかである。

同様に、ワインもやはり贅沢だ。ただし、ワインは安くて品質の良いものもあるし、栓を開けても短期間であればいくらか保存もできる。

そのため、普段は飲まないが、2年に一度くらい「これは」と思うものを見かけたときに購入する。

さて、そうなると日常で飲む酒としては、焼酎や日本酒、ウイスキーやその他のスピリッツ類などということになる。

まず焼酎だが、筆者の好みは乙類だ。味も美味しく、1升ビン入りでも1500円程度で良いものが手に入る。

また、日本酒はやや高めだが、それでも安くて美味しい純米酒や本醸造酒はある。

とはいえ、価格としては1升で1800円程度が目安。もっと安い、例えば紙パックで1升800円程度の日本酒もあるが、あまり美味しくないものが大半だ。

筆者は、酒が好きだが、おカネがないからといって安くてまずい酒は飲まず、酒自体を我慢するようにしている。だからこそ趣味なのだ。

ところで、酒といえば、今度は肴である。

これも、安価にもかかわらず十分すぎるほど美味しいものがある。

筆者の場合、少しおカネがあるときは、近所の魚屋や肉屋へ行く。ものによってはスーパーより安く、しかも味も質も良いものがいろいろと売っている。こういう点が、郊外暮らしの良いところだ。

たとえば、自宅から徒歩5分くらいのところにある魚屋には、冬になると「アン肝」が並ぶ。居酒屋ではお馴染みの「アンコウの肝」である。スライスしてあるので、そのままずぐに食べられる。

1パック300円もしない安さだが、これが美味しい。居酒屋などで同じ量を頼んだら、少なくとも5倍の値段はするだろう。

アン肝はご飯にも合うので、余ればおかずにしてもよい。

とはいえ、アン肝で飲めるのは余裕のあるときだけだ。普段は、もっと安上がりの肴にする。

その一例として、日本酒の肴に「天ぬき」というものがある。

これは、そば屋で飲む際の定番の肴で、天ぷらそばからそばを抜いて、具とつゆだけにしたもの。単に「ぬき」ともいう。

ちなみに、同じものを「すい」と呼ぶ場合もあって、これはお吸い物の意味だ。おかめそばのぬきは「おかめすい」などと呼ばれる。

もちろん筆者の場合、そば屋で天ぬきを食べるわけではない。自作するのだ。

近所のスーパーの惣菜コーナーで、1パック50円の揚げ玉を買ってくる。そして、丼に揚げ玉を大さじ2杯ほど入れたら、市販のめんつゆで作った温かいつゆをたっぷり注ぐ。これで、たぬきそばの天ぬきの完成だ。

ふやけた揚げ玉をすすりながら、日本酒や焼酎を飲む。たまに、乾燥ワカメを戻して浮かべたりもする。これで十分に酒の肴になる。

物足りないときは、近所の「業務スーパー」で買った1玉19円の「ゆでそば」を湯がき、最後に残っためんつゆにつけて食べる。


しかし、そんな天ぬきさえ作れないほどおカネがないときも少なくない。そんな場合には、無料でもらった「健康食品のサンプル」を肴にする。

この手のサンプルは、インターネットの懸賞サイトなどで応募するともらえることが多い。また、街頭やショッピングモールなどで配っていることもある。

具体的には、ノンカロリーのゼリーだったり、健康に良いらしい成分を固めたタブレットだったりする。

そんなものを集めておいて、ゼリーを食べたり、タブレットをかじったりしながら酒を飲むのだ。

なぜ酒の肴にするかというと、おやつに食べても美味しくないし、ご飯のおかずにもならないからである。

そして当然、肴としても美味しくはない。むしろ、とてもまずい。

だが、それでも酒を飲みたいときはあるのだ。前述の通り、安くて良い酒が手元になければ我慢するが、酒があって、飲みたいときには筆者は飲むほうを選択する。

まずい肴でも、美味しい酒がカバーしてくれる。筆者は、そう信じているが、現実的には、肴がまずいと、酒もまずくなってしまうこともある。

そういうときは、少しだけ飲んですぐに寝てしまう。それはそれで、睡眠をたくさんとることができて結構なことだと、自分にいい聞かせて寝てしまうのだ。

そして、眠りに就きながら思う。やはり、酒だけでなく、ちゃんとした肴があるときにだけ飲もうと。

いくら貧乏でも、健康食品のタブレットは酒の肴にならないのだ。

カネのためならダイエットも成功する

長年の不摂生がたたったか、貧乏生活ゆえ食事に気を遣えないためか、筆者はここ何年もの間、健康診断のたびに「肥満」を指摘され続けてきた。

ちなみにこの健康診断とは、謝礼目当てに参加する「治験」（新薬などの実験のアルバイト。詳しくは次項参照）のときに受けるものがほとんどだ。

とはいっても、筆者は外見だけを見れば、そこまで太っているという感じではない。確かに、腹部に余計な脂肪はついているものの、肥満体というほどではない。

家族や知人からも、「痩せろ」という忠告は受けたこともないし、筆者のほうから聞いてみても、「そんなに太っていないよ」という答えが返ってくることがほとんどだ。

しかし、医者や栄養士の方々が申されるには、これが要注意なのだそうだ。

つまり、外見的には太っているように見えなくとも、体脂肪率や内臓脂肪などが基準よりも多いと肥満と判断され、生活習慣病などのさまざまな健康上のデメリットが発生するリスクが高くなるのだという。

いわれてみれば筆者の場合、検診ごとに体脂肪率は高いと指摘されているし、肥満を表す指数であるＢＭＩ値が25〜27くらい（ＢＭＩ値が25以上だと肥満）で、それ以下になったことがない。しかも、血圧や血中の中性脂肪も常に高めである。

「健康を考えると、あまり好ましくありませんね」

「心臓に負担がかかりますよ」

「生活習慣病に気をつけるように」

そんなアドバイスやコメントを、検診の際にいつも医者や栄養士からもらい続けている。しかし筆者は、顔つきこそ神妙にしているものの、そうしたアドバイスをさほど真剣に聞いてはいなかった。

（別に、自覚症状があるわけではないし、まあ、何か体調に支障が出てきたときにでも気をつければいいか……）


とはいえ、フリーランスの筆者にとって体は資本であり、また、健康は生活と仕事を維持していくための絶対条件である。

しばしば編集者の方々が「フリーの人たちはみんな元気だ」というが、そもそも、フリーランスという職業は健康かつ元気でなければ続けられない商売である。

また、かつてある出版社で、健康法についての本を書かせてもらったことがあり、その際に健康に関する本や資料をさんざん読んで、ある程度の知識は仕入れた。

要するに、筆者も完全に健康に無関心というわけではないのだ。

周囲には鍼灸師などの専門家がいるので、健康についてのアドバイスは受けやすい状況にもある。

ところが、知識として受け入れることと、実践することは別物である。医者から「食事を減らしなさい」とか「運動しなさい」といわれても、食べることと寝ることが大好きな筆者は、行動が伴わない。

たまに、「健康のために頑張るぞ！」などと一念発起したつもりになっても、そのとき限りで、夕食のご飯を少々減らしても、すぐに「ダメだ、我慢できない」と、翌日からはまた元の量に逆戻りしてしまう。

「フリーたるもの、体が資本。健康のためには食べるのが第一」

そんな勝手な理由をつけては、何かと胃袋に放り込んでいたのである。これでは、痩せるはずがない。

だが、そんな自堕落な状況を一変させる事態が訪れた。きっかけは、ある治験紹介事務所からかかってきた1本の電話だった。

「短期の入院の治験があるのですが、ご参加のほどはいかがでしょうか？」

筆者は思わず身を乗り出した。入院による治験は、謝礼も高い。1〜2泊程度で、3万円から5万円くらいはもらえるのだ。

しかし、筆者の場合には年齢制限もあって、最近では通院の治験ばかりだった。

話を聞くと、２泊３日の日程だという。その程度なら、夜勤の合間に十分に参加できる。筆者は、すぐさま答えた。

「はい、参加できます」

「ありがとうございます。では、10分ほどよろしいでしょうか？」

身体のデータや最近の健康状態など、参加希望者に対する聞き取りになる。治験の内容によっては、これがかなり厳しい場合が少なくない。

だが、筆者は酒の量も減っていたし、もともとタバコも吸わない。最近では健康状態は良好で、しかも電話を受けた時点で前の治験から半年近く経っていた。

何の問題もないと思っており、実際、話はスムーズに進んでいった。

ところが、「身長１６７センチ、体重が75キロです」と筆者の身長と体重を告げると、担当者の口調が変わった。

「うーん……実は、今回の治験は、ＢＭＩ値が24・９までの方が対象なんです」

これは想定外だった。身長１６７センチ、体重75キロのＢＭＩ値は27・３。対象の数値をはるかにオーバーしている。

「では、また別の治験の際にご参加ください」

「はい……」

電話を切ってからも、筆者にはかなり未練が残った。実は、電話を受けたそのときはかなりのピンチで、家賃も支払えないような状況だったのだ。

筆者は改めて、ＢＭＩ値を計算し直した。身長を伸ばすことはできないので、体重を減らすしかない。身長１６７センチでＢＭＩ値が24・９以下となると、体重を69・５キロ以下にしなければならない。現状と5・5キロの差がある。

ただし、電話で告げられた治験開始までには、まだ1ヶ月ほどの期間があった。

考えた挙げ句、筆者は治験紹介事務所に電話をかけた。

「すみません、先程お電話いただいた橋本と申しますが」

そして、再びさっきの担当者につないでもらい、まだ募集中であることを確認したうえでいった。

「実はですね、先ほど申しました体重ですが、計り直したら間違っていたので、また電話した次第なんです」

「そうですか。で、体重はいくつですか？」

「はい、身長が１６７センチの、体重が69キロでした」

もちろん、この時点ではまったくのウソである。

「では、計算しますので……。はい、これなら対象となりますね。では、ご参加ということで、ありがとうございます」

「よろしくお願いします！」

とりあえず一安心だ。

「ただ、橋本様の場合、この数値ではギリギリですので、治験参加まで体重を増やさないよう、管理のほうをよろしくお願いいたします」

「はい、それはもう心得ています」

心得ないわけにはいかなかった。何しろ、ギリギリどころか現実には体重が５・５キロもオーバーしている。これを１ヶ月で減らさなくてはならないのだ。

その日から、筆者のダイエットが始まった。

今回は、「痩せられたらいいね～。体重が減ったらラッキーだね～」などという、能天気なものではない。

現金収入が、家賃の支払いがかかっているのである。

失敗するわけにはいかない。絶対に成功させなければならないのだ。

確実に減量をするための方法は、ただ１つ。摂取カロリーを減らすこと。すなわち食事を減らすことである。

まず、筆者は過去の健康診断などでもらった、カロリー摂取表などを初めて真剣に読んだ。それによれば、成人男性の１日に必要なカロリー量は、だいたい２３００～２５００キロカロリーだとのこと。

ということは、1日に摂取するカロリーを、それ以下にしなければならない。

また、食品のパッケージに書かれているカロリー表示も必ず見るようになった。

そして、基本的な1日の食事メニューを次のように決めた。

まず、夜勤明けにとる朝食は、青汁1杯に低脂肪プレーンヨーグルト大さじ5杯程度、または市販のゆで麺半玉とめんつゆ。これらであれば、せいぜい150キロカロリー程度である。

次に、昼食はそれまでと同様麺類だが、残りもののご飯などは一緒に食べないようにした。残りご飯がある場合には、軽いおかずと一緒か、お茶漬けなどにして食べる。昼食の目安は500～700キロカロリー。

さらに、夕食はご飯の盛りを少なめにするなどして、1000キロカロリー以下を目標にした。

これなら、1日の総摂取カロリー量が、1700キロカロリー～1900キロカロリー程度に収まるはずだ。

たまの外食の場合も、あらかじめホームページなどでその店のメニューのカロリーをチェックし、自分で決めた枠をオーバーしないように心がけた。

そしてもちろん、家でも外でも間食はしないようにした。

とはいえ、最初はかなり不安だったし、ダイエットを始めて間もない頃はすぐに空腹に襲われた。

そういうときには、乾燥ワカメを水に戻し、それにお湯を注いで作った「味なしワカメスープ」を飲んでしのいだ。または、青汁を何杯も飲んだ。

だが、この食事制限には割とすぐに慣れることができた。

実際、10日も過ぎる頃には、「食べたい」という衝動がとても少なくなった。やはり、食欲というものは体が必要なエネルギーを欲しているというより、脳が快楽のために欲している部分が多いのだと感じた。

ところで、肝心の体重はどうだったのかといえば、最初のほうはほとんど変化がなかった。数百グラム程度は減るが、水やお茶を飲めばすぐに元に戻ってしまうような状況だ。

当然、これには焦りを感じた。

それでも諦めるわけにはいかない。現金収入は魅力、というより死活問題だったので、ダイエットを中断するという選択肢はない。

すると、2週間を過ぎた頃からようやく徐々に体重が減ってきた。理由はよく分からないが、もしかしたら、この頃になって体脂肪が燃焼しやすくなるような体内変化が始まったのかもしれない。

また、筆者の場合、夜勤で肉体労働をしていたのが良かったのだと思う。

筆者が工場で担当しているのは、さまざまな重さのものを仕分けながらベルトコンベアに載せるという仕事だ。

1個で10キロや20キロ、あるいは30キロ以上もあるものを抱え上げる作業が続くとも珍しくない。そうした作業を何時間も続けるので、冬場でも汗だくになる。これはかなりの運動量のはずである。

ともあれ、体重計に乗るたびに目標の体重に近づいていった。心の中でつぶやく。

「これはいけそうだぞ……」

そして、治験参加のための健康診断の4日前、ついに体重が69・3キロにまで下がった。

「やった！」

筆者は、自宅の脱衣所で思わず叫んでしまった。

結局、そのまま体重を維持することに成功し、筆者は無事、治験に参加することができ、2泊3日で総額4万円を受け取ったのである。

カネを得るためなら、ダイエットにも成功するのだ。

なお余談だが、その後、体重が減ったことで夜勤の仕事において変化が感じられるようになった。

以前はかなりきついと思っていた仕事なのだが、ほとんど疲労を感じなくなっていった。また、何日も疲れが残ったり、筋肉痛が出たりしたこともあったが、体重が減るにつれ、こうした症状も減っていった。

まさに「体が軽くなった」ということを実感したのだ。

かつて、筆者が必要以上に食べていたのは、食べることが好きという理由が一番大きかったと思うが、それに加えて、「食べなければ健康を維持できない」という、貧乏ゆえの強迫観念があったように思う。

だが、過剰なカロリー摂取はかえって疲れを呼んでいたのかもしれない。

そう考えるとやはり、医者や栄養士のアドバイスは正しかったのだろう。

「治験バイト」の実態

前項では、筆者が「治験バイト」に参加するためにダイエットをしたエピソードを披露したが、ここでは、その治験バイトとは具体的にどのようなものかを紹介したい。

字面からも想像がつくだろうが、「治験」とは、医薬品の開発段階でその安全性を確認するため、希望者を募って実際に人の身体に投与したりすることをいう。

この治験参加のボランティアには謝礼が支払われることが多く、高額であるケースも少なくない。

治験というと、以前は、得体の知れない怪しげな裏のアルバイトといったイメージが強かったように思う。実際、その実施についてはおおっぴらに公開されることはなく、情報も口コミなどでやり取りされることが多かったのではなかろうか。

だが、現在では治験ボランティアを仲介する業者のようなものが数多くあり、インターネットでの参加者募集も広く行われている。こうした仲介業者に登録しておけば、治験の参加者募集のメールマガジンが配信されてくるし、また、電話で直接に勧誘されることも少なくない。

参加希望者はそれに応じて、まるで普通のアルバイトに応募するような感じで参加を希望することも多いのである。

また、医薬品以外にも健康食品やいわゆる「トクホ」などについても、同様にボランティアによる摂取試験が行われる。この場合には治験ではなく、単に「モニター」などと呼ばれているようだ。

かくいう筆者も、10年以上前からさまざまな治験やモニターに参加し続けている。いうまでもなく、目的は謝礼であり、何より生活のためである。

さて、治験やモニターを「楽をして高収入が得られるアルバイト」などと思っている人が多いと聞く。

確かに、そういう一面もあるかもしれない。入院タイプの治験では、やることといえば体温や血圧、心電図などの測定のほか、検査のための採血や採尿くらいで、特に何かするべき作業や行為などはない場合がほとんどだ。

また、治験参加者は、空き時間には自由に過ごしている。ベッドで本を読んだり、休憩室でＤＶＤを見たり、持参したパソコンやスマホでゲームに興じたりインターネットを閲覧したりと、時間つぶしに暮れている。「だらだら過ごしているだけでおカネがもらえる」といわれれば、そうかもしれない。

ただし、入院生活であるからいろいろと制限を受ける。まず、治験実施期間中は病院施設内から外出することはできない。厳しい場合だと、病棟内の決められた区画だけに制限されるというケースもある。

　また、食事も支給されるものだけしかとってはいけないのが原則である。筆者などは食べ物の好き嫌いがほとんどないので病院食に不自由を感じたことはまったくなかったが、偏食の激しい人や食べ物の好みのうるさい人は苦痛に感じるかもしれない。

　なお、参加時にスナック菓子などを持参していた場合には、治験終了時までナースステーションなどに預けなければならない。病院施設内に売店や自動販売機があっても、飲食物の購入は厳禁である。さらに禁酒と禁煙はいうまでもない。

　そして、やや苦痛に感じるのが採血である。入院タイプの治験では、1日に何回もの採血が行われる。筆者が経験したものでは、朝の8時から夜11時までに、合計12回ほど採血する治験に参加したことがある。

　採血の回数が多い場合には、あらかじめ血管にカテーテルのようなものを挿入しておいて、そこから水道の蛇口をひねるように血液を採取することもあるが、多くの治験では、その度に血管に注射針を突き刺して採血する。

　投薬後には、だいたい15分おきから30分おきに採血があるので、なかなか忙しい。血を抜いて、血圧や心電図、体温などを測って、ひと息つくともう次の採血といった具合だ。

　この採血であるが、上手な人とそうでない人の差が激しい。上手な看護師さんだと、

「チクッとします」といわれたのに、針を刺す感覚などほとんどないくらいで、わずかな痛みすらなく済んでしまうこともある。

ところが、あまり慣れていない看護師さんや、あるいはたまたま痛点を直撃したような場合には、針どころかまるで杭を腕に突き刺されたのではと思うほどの痛みが生じることもある。そういうときは血液採取がうまくいかないことが多く、もう一度やり直しというケースがしばしばだ。

痛いうえに何度も針を突き刺されるので、あまり心地良いものではない。だから、採血がスムーズに済むととりあえずひと安心するのだ。

こうした入院日程を終えると、規定通りの謝礼が支払われる。退院時に手渡しされることもあれば、後日銀行口座に入金されるケースもある。入院タイプの治験の謝礼はそれなりにまとまった金額であることが多いが、内容によってまちまちである。

筆者が参加した入院タイプの治験で高額だったのは、例えば、3泊4日×3回という日程で、退院ごとに3万円手渡し、さらに全日程終了後に8万円が銀行振り込みで合計17万円というものや、連続13泊14日間で35万円というものがあった。

そのほか、1～2泊程度で10万円以上が支払われる治験もあれば、3～5泊なのに4万円程度というケースもある。

だいたい、1週間以上にわたる中長期の治験は高額の謝礼であることがほとんどだが、これも絶対とはいえない。2週間近い長期入院でも、中には謝礼が数万円という治験もあるからだ。

また、治験は入院のほかに、通院するタイプもある。受け取った治験薬を指示通りに使用し、定期的に医療機関で診察や検査を受ける。2ヶ月程度の短期間から、1年以上にわたるものまでいろいろだ。

謝礼は、通院の場合も、来院の際に手渡しされるものや日程がすべて終了した後で銀行振り込みされるものなど、その治験によって異なる。筆者が参加したことのある通院タイプは、来院1回ごとに1万円というケースがほとんどだった。

このように、考えようによっては少ない労力で高額の報酬が得られる治験だが、「やります」と手を挙げれば誰でもすぐに参加できるというわけではない。そもそも、治験に参加するにはさまざまな基準をクリアしなければならないのだ。

まず年齢制限。20～35歳くらいまでは参加できる治験も多いが、それ以上の歳になると途端に少なくなる。

また、健康状態ではねられてしまうケースも多い。血圧や血液検査の結果などで、参加希望者がドンドン削られていく。ただし、反対に、高血圧や高脂血症の人を対象とした治験もあるので、健康体であればいいというわけでもない。

かくいう筆者は、こういうことはいけないのかもしれないが、わざわざ該当する治験に合うように「調整」して事前検査に望んだことも少なくない。

前項で書いたようにダイエットをしたり、逆に、「中性脂肪が高い人対象」という治験の前には、牛丼などを連日ガツガツ食べて数値を上げる努力をしたこともある。参加にこぎつけるだけでも、けっこう大変なのである。

ただし治験は、小遣い稼ぎにはなるものの、「職業」にすることはまず無理である。なぜなら、治験には「休薬期間」といって、一度ある治験に参加したら一定期間は新たな治験には参加できないというルールが定められているためだ。

一般的な休薬期間は、概ね4ヶ月。その間は、治験参加はできないのである。

だが、聞くところによると、ウソをついて連続した治験に参加していたり、あるいは2種類以上の治験を掛け持ちで参加していたりする豪傑もいるらしい。もちろん、そんなことがばれたら、その後は治験参加ができなくなるという。

筆者も詳しくは知らないが、いわゆるブラックリストのように、治験に二重参加した者の情報がやり取りされているという話もある。

ともあれ、筆者のような臆病な小心者には、とても真似できないことであるが。

貧乏生活と自家用車

「貧乏なのにクルマを持つとは何事だ」「貧乏人にクルマなんて必要ない」「クルマを持っているだけで裕福だ」などという意見の人が現在でも意外に多く、筆者などは唖然としてしまう。

確かに、公共交通機関が発達した場所ならば、特に自家用車は必要ないだろう。しかし、そうした便利なエリアは東京近郊やその他の大都市及びその周辺地域だけである。筆者の住む神奈川県相模原市の郊外は、クルマはほぼ必需品だといっても過言ではない。

いわば、冷蔵庫や洗濯機と同じようなものだ。冷蔵庫や洗濯機も、生活に絶対に必要というわけではないが、なければ生活に大きく支障が出るだろう。公共交通機関が十分に発達していない地域では、クルマもこれらと同様なのである。

特に、筆者が夜勤で通っている工場は、自宅から約15キロ離れている。しかも内陸工業団地というだけあって、バスもなく電車の最寄り駅もない。さらに起伏の激しい道を通らなくてはならない。要するに、クルマで通勤するしかないのだ。

それでも、「15キロくらいなら、自転車で通える」という人もいるかもしれない。しかし、そんなことをいう人は、猛暑の夏や寒風吹きすさぶ真冬の深夜に、15キロの道のりを往復したことがあるのだろうか。

筆者は、冬だけだが実はある。そして、とても無理だと実感した。

自転車でたどり着くことがゴールならまだしも、それから、何時間もつらい肉体労働をするのだ。そして、その後また自宅までつらい思いをして帰ってこなければならない。とても続けられるものではない。

とにかく、貧乏だからといって、クルマが不必要だというわけではないのだ。


そして、貧乏生活ではそんなクルマの維持や管理にもいろいろと気を遣う。

特に大変なのが車検だ。

現在の乗用車は信頼性も高いので、新車で購入すれば10年くらいは特に大きなトラブルは発生しないし、車検もほぼすんなり通るが、筆者のようにカネがなく、必然的にかなり年式の古い中古車にばかり乗らざるを得ない状況だと、いろいろとやっかいなことが起きる。

すなわち、車検の際にストップがかかる可能性が高くなるのだ。

筆者は、車検のために持ち込んだ整備工場で、「ここところを直さないと、車検に通りませんよ」などといわれたことが幾度となくある。

だから、年式の古いクルマを車検に出す際には、注意する必要があるのだが、整備工場での「下見」は、ほとんどあてにならないので注意が必要だ。

どこの整備工場でも、「今度車検なので……」といってクルマを持っていけば、おおまかに状態を確認してくれる。これが、工場や担当のメカニックによってもかなり異なるのだが、細かいところやタイヤなどを外さなければ分からない部分については、見てくれないことが少なくない。

そのため、下見では「大丈夫。車検に通りますよ」といわれたにもかかわらず、実際に点検してもらうと、「ここところがダメです。通りません」と告げられることがとても多いのだ。

はなはだしい例を挙げれば、下見の際には何も指摘されなかったタイヤが、その3日後、いざ車検で持ち込んだときに、「スリップサインが出ているので、交換しないと車検には通らない」とあっさりいわれたことさえある。

いうまでもなく、タイヤの状態などは素人にでもすぐに確認できる。筆者も「タイヤがすり減っているな」とは気づいてはいたが、下見の際、メカニックが何もいわなかったので、大丈夫だと思い込んでいたわけである。

つまり、車検の下見では、見ているようで確認していない箇所が結構あると考えておいたほうがいいというのが、筆者の経験的な考えだ。

これまで、いくつもの修理工場に車検を出してきたが、どの工場も概ね同じようなものだった。下見では何も指摘せず、いざ車検という段になって、「ここを修理しないとダメ」といってくるのだ。

とはいえ、修理も当然タダではなく、貧乏な筆者はいつでも修理代の持ち合わせがあるわけではない。

そういうときには、「早めに交換しますから、とりあえず車検だけ通してもらえませんか」と頼み込めば、たいていの工場は、ある程度話を聞いてくれる。

例えば、ブレーキパッドが規定以上にすり減っていても、まだブレーキがきくのであれば「分かりました。でも、必ず早めに換えてくださいよ」などといって、車検だけは通してくれるのだ。

とはいえ、どうゴネても無理というものもある。タイヤなどは見た感じで分かってしまうので、すり減っていたら交換するしかない。そして、クルマのタイヤというものは、これがなかなかバカにならない。すべて新品と交換すると、工賃を含めて安くても4万円はする。

もっとも、タイヤの場合は溝さえあれば新品である必要はまったくない。幸い、筆者の家の近所で中古タイヤをかなり安く売っているショップを見つけたので、問い合わせたところ「4本セット1万4000円」という在庫があったので、すぐに出向いて購入、交換してもらったこともある。

新品に交換する費用の半額以下で済んだが、それでも、工賃を含めて2万円。筆者にとっては安い額ではない。


このように、クルマは必要ではあるが消耗品なので、とにかく維持費がかさむ。

筆者の場合、部品などはなるべく中古品を使って安く修理することを心がけるようにしているが、どうしても新品でなければならない部品類も少なくない。なかなか悩ましいところなのである。

ちなみに、知人から聞いたところによると、街の整備工場の中には、どんな状態のクルマであっても、とりあえずは車検に通してくれる業者があるということだ。

筆者はそうした工場に出会ったことがないので、詳細は分からないが、料金もそれほど高くはないようで、要するに、とにかく甘く見てくれるのだという。

「そもそも車検なんて、役人に仕事とカネを与えるだけのものなんだから」と、その知人はいった。

まさしくその通り。車検のみならず、そんな類のものが世の中にはゴマンとあると筆者も感じる。

中高年男性には仕事がない

夜勤をしていると、「大変だろう」とか「こういうご時世だから仕方ないよな」などとよくいわれる。

確かに、夜勤の仕事は厳しい。作業には体力が必要だし、夏場は熱中症対策の水分・塩分補給や、冬場は防寒対策やインフルエンザ予防など、あれこれ気を遣うことがとても多い。

機械に手を挟まれたりしてケガをするケースもあり、重症や、ときには命にかかわる可能性も否定できないので緊張の連続だ。

だが、基本的に筆者は身体を動かして働くことは嫌いではないので、夜勤の仕事自体は好きだ。力を振るって生産性を上げていくことは、何とも心地よい。

それでも、やはり悩みはある。収入的にそれほど多額が得られないという点だ。

筆者が勤めるシフトは、夜中の2時~朝6時までの4時間。かなり体力を使うので、この程度に設定されている。ちなみに、長時間の勤務を申し出ても、雇用調整などで強制的に休憩時間を取らされ、その時間分は給与が支払われないのであまりメリットがない。

そして、勤務時間こそ4時間だが、通勤や朝礼、始業前の準備などで実質ほぼ一晩中となる。

1回の勤務での給与は、深夜手当を入れても5000円弱。月に20日働いたとしても10万円には届かず、家賃を払ったらもう何も残らない。

これだけでは、生活できるほどにはならないのである。

こんな話をすると、「もっとキチンとした会社に正社員として就職すればいいではないか」という意見が必ず出てくる。

筆者も、できることならそうしたい。

だが、50歳という年齢では、正社員としての就職は極めて困難だ。

街に置いてある無料求人情報誌や、日曜日に入ってくる新聞の折り込み求人チラシなどを隅から隅まで眺めても、まず年齢でアウトである。何らかの経験や資格がない限り、中高年の未経験者が職にありつくことは難しいのだ。

加えて、アルバイトでも、なかなか中高年の男性が採用されることはない。

一部の政治家や評論家などは、現在の就職難について、「求人はあるのだから、就職しないほうが悪い」「選り好みしているだけ」などという。

しかし、これは現実的にはまったく逆であって、つまり求人に応募したくても企業のほうが採用してくれないのである。

選り好みしているのは、企業側なのだ。

筆者だけではなく、「たくさん働いてたくさん稼ぎたい」と思っている中高年男性は少なくないだろう。

にもかかわらず、夜勤で頑張ってみても、余裕のある生活どころか満足な生活費すら確保できない。

だから筆者は、こうした現状について、どこかおかしいと感じてしまうのである。

墓参りも簡単ではない

いくら貧乏でカネがなくても、それが理由で断れない用事もある。例えば、冠婚葬祭や親類間での年中行事などだ。

筆者の場合、年に一度のお墓参りがそれに該当する。義母のお墓が千葉にあるのだが、クルマで片道だいたい3～4時間かかるため、1日がかりとなる。むろん、ガソリン代や高速代、食事代などが必要となる。総額で1万円程度だろう。

しかし、その1万円が工面できない。

筆者は、どこかに出かけることは嫌いではない。それどころか、大好きである。人と会うのも好きだし、お墓参りも喜んで行きたい。

ところが、1万円がないために悩む。たった1万円すら、手元にないのだ。銀行口座にもない。

困る。何より家族に申し訳ない。本当にすまないと思いつつ途方に暮れる。

すると、その様子を見て家人がいう。

「何なの？　お墓参りに行きたくないわけ？」

それこそ、鬼のような形相で罵倒される。行きたくないわけでは決してない。ただ、おカネがないだけである。

しかし、「おカネがないんだよ」と、理由をいってもどうにかなるわけではない。第一、カネがないのは筆者の甲斐性のなさが原因である。家人の罵倒はもっともだ。

そして筆者は、家中の小銭をかき集め、蔵書と趣味で集めているカメラの一部を売り、さらに知人などから１０００円とか２０００円とかを借りて、ようやくギリギリの費用を集める。

このようにしてやっとの思いで出かけても、「嫌なら行く必要はない」「来年からは家で待っていればいい」などと、途中で何度もなじられる。

これはつらい。本当につらい。

まず、お墓参りの費用すらろくに稼ぐことができない、自分の情けなさと不甲斐なさ。加えて、「お墓参りに行くのが嫌なのか」などと、決めつけられなじられることはとても悲しい。

夜になって、ようやく帰宅する。所持金はほとんどなくなったが、何とか墓参りができて良かった。そして、子どもたちが「楽しかったね」「お昼ご飯、美味しかったね」といってくれたのは、何よりも喜ばしいことである。

メディアの「節約術」はほぼ実現不可能

雑誌やテレビなどで、しばしば「節約生活に成功」などのタイトルがついた特集や番組を見かける。「マル秘テクで毎月〇万円浮いた」とか、「1ヶ月の生活費〇万円で暮らせる」などというあれである。

しかし、筆者は、その手のものに、「なるほど」と納得できることはまずない。なぜなら、こうしたマル秘テクとか裏ワザとかは、まったく実用的ではなかったり、何らかのカラクリがあったりするものばかりだからである。

よくあるのが、もともと削る部分が多いような家庭の例を取り上げて、無駄使いをドンドン減らしていくパターンだ。

具体的には、3人家族で食費が月額8万円とか、携帯電話料金が家族合わせて5万円だとか、そうした節約できる余地の大きなケースを取り上げて、「はい、こんなに節約できました」という内容である。

しかし、こういう類の話は、最初からギリギリの収入で生活している、洗うがごとき赤貧生活の筆者には、何の役にも立たない。

また、雑誌の節約特集や、いわゆる節約本も同様である。

例えば、かつて90万部のベストセラーになった『節約生活のススメ』（山崎えり子・飛鳥新社刊）という本があるが、この本を読んでも、筆者が活用できる部分は1つもなかった。

まず、序章の住宅ローン返済については、賃貸住まいの筆者にはまったく関係ない。第一、住宅ローンなど組めないのだ。

第1章の「節約生活の知恵」では、「無駄な買い物は、一切しない」とあるが、そんなことをいわれても、そもそもしたくともできない状況だ。「暮らしをダイエット」などといわれても、削る部分のない生活を、どうダイエットすればいいのだろうか。

第2章の「食費を減らす知恵」では、やたらと手作りを強調するが、見れば、買ったほうが安いものばかりである。しかも、作る手間と時間のコストがまったく考慮されていない。「貧乏ヒマなし」という格言からも分かるように、貧乏人はとにかく時間がないのである。

第3章の「光熱水費を減らす知恵」にしても、「その程度の節約だったら、遠い昔からやっている」という類のものばかりだった。筆者宅では、ガスは極力使わず、入浴は冬場だけ。夏場は水でシャワーである。

それに、洗濯機の使用を「週に1～2回」などと書いてあるが、家族5人ではとても無理な話である。こんなふうに、1人暮らしやパートナーと2人で生活している場合なら可能でも、人数の多い家族では困難な方法に、どれほどの価値があるというのだろうか。

なお余談だが、この本の著者は、その後、他人の戸籍を使って別人になりすまそうとしたため、公正証書原本不実記載等罪で逮捕され、それがきっかけで経歴を詐称していたことが発覚したのだそうだ。

ともあれ、この手の「節約本」は、貧乏人にはほとんど役に立たない。テレビの節約特集も、節約本の内容も、そもそも不自由な生活をしていない階層がホビー感覚でやってみる程度のものとしか感じられない。「ブルジョワジーの秘かな愉しみ」でしかないとさえ思う。

いわば、アウトドアと称して休日に山野に出かけ、「たまにはこんな暮らしもいいねぇ」などといって、また物質的に豊かな元の生活に戻るようなものだ。

さらに、カラクリはほかにもある。知り合いの編集者から聞いたのだが、実際に年間の生活費を150万円以下に抑えて暮らしている夫婦のケースを取材したという。

しかも、彼らは、低収入でありながら100万円単位の貯金までしているというから驚きだ。

ところが、よく聞いてみると、その夫婦は2人とも公務員で、確かに給料は安いものの、住まいは公務員専用住宅で家賃が月額4万円以下。昼食は庁内の食堂で200円程度で食べられる。

そして2人とも綿密に家計簿をつけていて、不必要なものは何ひとつ買わない。ペットボトルの飲み物すら一切買わないそうだ。さらに夫婦そろって無趣味で、外食もショッピングも旅行にも興味がなく、休日には徒歩圏にある図書館で本を読む程度だという。

これなら、なるほど年間150万円以下で生活するのも可能かもしれないし、貯金もできるかもしれない。だが、これを普通のサラリーマンが真似しようとしても、まず無理なことは確実だ。

要するに、この夫婦のケースは、特殊過ぎるのである。

それでも、編集者やテレビの制作サイドは、やはり「年間150万円で暮らして貯金もできる！」というタイトルをつけてしまう。

加えて、こんな特集を企画する側のほとんどが、節約とか貧困に縁のない生活をしていたりするという現実もある。高額の年収が保証されている人たちは、真に困っている人たちのことなど分からないのではないか。

このように、実際に苦労もしていない連中が、面白がって「カンタン節約術」などの特集を組むことに、筆者はどうしても感情的になってしまう。

それならあなたは、妻子を抱えて年収が150万円という生活をしたことがあるのか？　小さな娘にお菓子も買ってあげられない、晴天の休日だというのに家の中に引きこもっていなければならない、そういう惨めさを経験したことがあるのか？　思わず、そんな文言が、頭の中に充満していってしまうのだ。


ともあれ、そんなことにいくら怒ってみても意味がない。

どうしようもない貧困の生活は、現実にここにある。

来週の電気代の支払いのことなどを考えると、テレビや雑誌の「節約特集」自体がどうでもよくなってくる。

節約術ではどうにもならない、この電気代のカネをどうしたらいいのか。

貧乏生活の「役に立たない」ノウハウ

これから列挙するのは、筆者が毎日の生活の中で実行しているさまざまな施策である。いわゆる「節約本」などで、「節約の知恵」などと紹介されているものに、スタイルは似ている。

しかし、似ているだけで、筆者の意図はまったく違う。節約本などでは、生活の役に立つノウハウとか、こうすれば節約できて家計が助かるとかいうことが書いてあるが、もともと筆者は、そうした節約本の「知恵」などを、最初から信用していない。

なぜなら、人の生活は家族ごとに違うものであるし、ある人には実行できても、誰にでもできるとは限らない。地域によって商業施設も物価も違う。ライフスタイルや環境が異なれば、節約もかえって無駄になる可能性すらある。

実際、前項でも書いた通り、筆者は、メディアが紹介する節約術などについて「役に立つ」と思ったことは一度もない。

だから、ここで紹介する、筆者が実行しているあれこれは、読者の皆さんが真似したとしても、得をしたり役に立ったりするとは思えない。

本当に貧困の中にいる筆者が、生活の中で、どのような工夫をしているかをただただ披露するだけだ。

だがそういう意味では、ごまかしもカラクリもない、「リアルな生活術」ではあると思う。

・わざと外出

食費を浮かすためには、やはり食事を抜くのが効果的だ。

特に、3食のうち最もコストがかさむのは夕食である。筆者1人分の夕食を削れば、それがたとえ週に2回程度でも、かなり食費が浮くこととなる。

しかし、これがなかなか難しい。

個人的には空腹に耐えればいいだけの話だが、それ以上に家族の目というものがある。家にいるのに父親が夕食を食べなければ、子どもたちが心配してしまうだろう。

ではどうするのかというと、仕事で外出ということにする。「夕方から打ち合わせが入った」とか「急に取材が入った」などというのだ。

さらに、「ちょっと遅くなるから、夕食はいらない」と告げておく。そうすれば、筆者の食事は作らないから、その分の費用が浮くこととなる。

もちろん、打ち合わせとか取材というのはウソなのだが、家族に告げた通り、夕方になったら外出する。

そして筆者が向かうのは、駅前の図書館である。4・5キロの道のりを、1時間弱かけて歩く。せっかく食費を浮かしても、バスに乗ってしまえば元も子もないからだ。

図書館に着いたら、ちゃんと調べものをする。仕事をすれば、それだけ収入につながるからだ。外出の理由はウソだが、キチンと働かなければ時間の無駄だ。

そうして数時間ほど調べものをしたら、再び歩いて帰宅する。途中、閉店間際のスーパーに立ち寄って、半額に値下げしてある食材などを買っていくこともある。

この節約術で何より大切なのは、昼食はキチンと食べておくということだ。昼食さえ食べておけば、夕食を抜くことは、慣れればたいしたことではない。

なお、図書館へ行くための往復9キロの運動は、健康増進にもなかなか効果的だといえるだろう。

・スーツは100円で購入

衣食住のうち、「衣」は、何とかなりやすいジャンルである。

特に、筆者が住む地域は、幸いなことに低価格で衣類を調達できる環境にある。

服のディスカウントショップが数軒あるため、例えば、ビジネスソックスなら50円から、スニーカーソックスなら38円くらいから買える。また、筆者が外出時にいつも着ているシャツは50円で買った。

そして、意外かもしれないが下着類はやや高く、男性用トランクスは２９８円くらいする。１００円ショップより高いのだ。それでも、セールでボクサーブリーフが２枚組１００円で並んだりすることもあるので、そういう機会を見逃さずにまとめ買いしておく。

また、近所で開催されるフリーマーケットやバザーには必ず顔を出す。

とはいえ、この手のイベントで出品されるのはほとんどが婦人服か子ども服なので、中年男性の筆者にはあまり収穫がないが、家族のものを探すには良い。

ほかには、ネットオークションなども考えられるが、これは活用次第である。手作りハンカチなどの小物はいいのだが、大きなものは送料がかかり、かえって高値になってしまうことが少なくないので要注意だ。

極めつけは、市内にある某リサイクル店だ。この店は生活雑貨から家電品、家具まで幅広く取り扱っているのだが、古着のコーナーが設けてあり、たいていのものが一律１００円で売られている。シャツやネクタイをはじめ、なんとスラックスやスーツ、コートまで１００円なのだ。

ここで筆者は、外出用のスーツなどを入手している。新品で買ったら何万円もするであろうスーツやコートを、１００円で調達できるのはありがたい。

なお、部屋着については、わずかな量があれば、筆者はそれで大丈夫だ。すなわち、下はジャージかスウェットで、上は夏ならシャツ、冬はトレーナーなどを適当に着る。寒い日は、それにセーターを着ればよい。

ちなみに、パジャマはもう30年以上着ていない。部屋着のままで眠るのである。

・靴はスニーカータイプがオススメ

前述の通り、衣類は比較的安価で手に入るのだが、意外に高額なのが「履きもの」、つまり、靴だけはどうしてもそれなりの金額になってしまうのだ。

普通に買えば、どんな種類の靴でも、たいてい１５００～２０００円はする。

もちろん、１５００円以下の靴がないわけではない。ロードサイドなどにある靴の安売り店などに行けば、９８０円とか７８０円程度のビジネスシューズやローファータイプなどが並んでいたりする。

素材はもちろん合成皮革とかビニールだが、見た目はそれなりなので、筆者も間に合わせに買ったことはある。

だが、このタイプはちょっと破れたり傷んだりすると、もう手がつけられない。たちまちダメになってしまう。作りの悪いものなら半年くらいで、大切に履いて運良く長持ちした場合でも、1年くらいでゴミになってしまう。

一方、スニーカータイプは、安くてもやはりビジネスシューズなどに比べて丈夫だ。筆者が現在履いているのも、12年前に買ったスニーカータイプの靴である。どこかの安売り店のワゴンセールで、３００円で買ってきたのだ。

デザイン的にはそれほど良くはないが、履いていてみっともないというほどではない。ズボンの色さえ合わせれば、見てくれはそう悪くない。

何より重要なのは、その耐久性だ。12年経った今でも現役というのはありがたい。ところどころ穴が開いていたり、ほころんでいたりはするが、使用にはまったく問題がない。ジーンズのように、多少のダメージは気にならないものである。

また、中敷きはすでにボロボロだが、これも別に何の支障もない。１００円ショップなどで中敷きだけ買ってきて入れればよいのだろうが、もったいないし、必要もないのでそのまま履いている。

筆者が特に気に入っているのは、靴底が厚い点である。かなりすり減ってはいるが、まだまだ大丈夫な厚さだ。この厚い靴底のクッションのおかげで、歩いていても疲れにくいし、多少の雨も平気である。

このように、たとえ３００円でも、10年以上立派に使うことのできるものもあるのだ。

現金依存症と通帳恐怖症

おカネや生活に窮していると、いろいろとそれまでになかった行動パターンが出てくることがある。これは人によってそれぞれ違うので、必ずしも「皆がこうなる」とはいえないが、筆者が出会ったある男性の「症状」は特に印象的だった。

その30代の男性は、カードローンや消費者金融など、10社近くに、数百万円もの借金があった。よくあるパターンの多重債務者である。

その彼が、筆者に開いて見せてくれたのは、免許証やカード類を入れておくカードケースだった。

「これを入れておかないと、心が落ち着かないんですよ」

そういって、彼がケースから取り出したのは、4つ折りにした1万円札だった。

「このほかにも、財布には2万円ほど入っています」

失礼ないい方だが、彼は、収入のすべてをつぎ込んでも返しきれないほどの多額の借金がある。おカネに困っているはずなのだ。

にもかかわらず、3万円という、それなりに大きな額の現金を所持している。このことについて、彼自身はこう語った。

「実はこのカネは、さっきコンビニのＡＴＭで借りてきたヤツなんです」

つまり彼は、いくらかカネを返済して利用枠に余裕が出ると、そこでまた1万円くらいを借りてしまうのだという。しかも、そのカネは特に急を要するものではないとのことだ。

「現金を持っていないと、とても不安になるんですよ。無金恐怖症というか、現金依存症というか。自分でも理由はよく分からないんですけど」

さらに、彼は別のものも見せてくれた。それは、彼名義の貯金通帳。「ちょっと失礼」と断ってから通帳を開くと、記帳されていた残高は数百円だった。

だが、残高よりも最後に記帳された期日のほうが目を引いた。それは、2年以上前の日付だったのだ。

しかし、実際にこの銀行口座では2年間も現金の出し入れが行われていないのかというと、そんなことはない。

むしろ、給与振り込みや公共料金の引き落としなどを含め、メインで利用していた口座なので、相当な量の記載があって当然なのに、まったく記帳されていないという状況だ。

つまり、彼はその間、まったく記帳することなく、キャッシュカードだけですべて処理していたのである。

「面倒というより、記帳するのが怖かったんですよ。給料が入金されて、そこからいろいろ引き落とされていくのがなんだか生々しくて。現実を見るのが、嫌だったんでしょうね……」

ＡＴＭにカードを差し込んで、残高があれば引き出す。残高がなければ、カードローンなどで借りる。そんなことを、彼は2年以上も続けていたというのだ。

数字というのは、確かにリアルな重みがある。借金に苦しむ人の中には、その現実から目をそむけたくなる向きも多いことだろう。

正直にいえば、筆者も、その気持ちは痛いほど分かる。本当によく理解できる。

しかし、いかに忘れようとしても、そのリアルな現実は存在し続けるのだ。

結局、彼は自己破産して借金を整理した。破産申立の際に改めて確認した借金の総額は、およそ５００万円であったとのことだ。

宝くじよりも目先の100円

貧乏生活が続くと、いつも考えているのは、カネ、カネ、現金のことばかりだ。だが、そのおカネで何をするのかというと、もちろん贅沢などではない。ガス代に電話代、今月の家賃と来月の家賃、そして水道料金に電気代……などといった支払いの数々だ。

生きている限り、こうした支払いはずっと続く。そのことばかりが、無間地獄のように頭蓋骨の中に次々と浮かんでくるわけである。

「宝くじが当たるといいなあ」

そんなふうに思うこともあるが、宝くじなどを買う余裕さえない。

何かの統計で、宝くじの購入者の多くは「夢を買う」という感覚だとどこかで聞いたことがある。マイホームを購入するとか、旅行に行くとか、そういう「夢」を買っているということらしい。

だが、貧乏生活にそんな夢などありはしない。もし、宝くじで何千万とか億とかいう大金が手に入ったとしても、筆者が思いつくのはやはり支払いだ。「とりあえず、家賃を1年分払ってしまおう」とか「公共料金は口座引き落としにしよう」とか、そんなことしか考えられない。

だから、宝くじを買って実現性のほとんどない大金を得ることより、確実性の高い100円のほうに筆者は全力を投入する。

といっても、その多くは本当に1円とか10円の世界である。インターネットで運営しているさまざまなポイントサイトにいくつも登録しているが、いうまでもなくたいしたお金にはならない。毎日コツコツとアクセスしても、2～3ヶ月でやっと数百円という程度である。

最近では、サイトに掲載する記事のライティングというものも見かけるが、あまりにギャラが安いのでびっくりしてしまう。とても手間に見合わない。

また、必要があれば、身の回りにあるものを、売れるものは片っ端から売り払う。だが、こちらも、最近は古本にほとんど値がつかない。カメラも、デジカメの比較的新しい機種はそこそこの値段になるが、銀塩カメラなどはかなり良い機種でも状態が良くなければ引き取ってもらえない。

アルバイトの類も、治験や健康食品のモニターなど、謝礼が出る単発のものはできる限りやっている。

しかしそれでも、貧乏生活からは抜け出ることができない。

やはり、主たる収入がないということは、致命的なのである。

貧乏になると知人や友人が離れていく

世間では、「金持ちになると人が周りに寄ってきて、カネがなくなると潮が引くように離れていく」といわれるが、これは本当だと思う。

なぜなら、筆者もそうした経験があるからだ。

ただし、当然筆者の場合は、金持ちになって取り巻きがたくさんできたという経験ではない。その逆のパターンである。

食うだけは何とか困らないという程度の頃には周囲にいた人間たちが、筆者が窮乏すると見るや、あからさまに距離を置くといった現象を、嫌というほど経験してきた。

もちろん、筆者の経済状態にかかわらず付き合いをしてくれる、編集者や同じフリーランスのライター、ジャーナリストなど、心ある人々も数多い。

だがその一方で、「お前に近づくとわが身が汚れる」とでもいわんばかりの態度を取る向きも少なくないのが現実なのだ。

例えば、筆者より若いあるライター氏は、とても優れたセンスと才能を持つ人物だった。彼と話をしているととても面白く、しかも知識的に大きな意義があったので、よく筆者のほうから誘って食事などに出かけたものだった。

ところが、彼が編集者たちに認められて仕事を増やし、収入も格段に多くなっていくと、とたんに筆者を敬遠するようになっていった。

彼がアパートからマンションに引っ越した際、手土産でも持って訪れようと連絡したが、「今、ちょっと忙しくて」とか「来週は予定がいっぱいで」などと、なかなか承諾してくれない。

忙しいのなら仕方がない。筆者は「彼も売れっ子になって、とても良いことだ」などと思い、そのうち彼に時間ができたら訪れることにした。

しかし、その後も彼に電話やメールをしても、ずっと「時間がなくて」「すみません。都合が悪くて」という返事ばかりだった。

ところが、筆者には「忙しい」といっているその時期に、彼のツイッターを見てみると、「ここ数日、家でボーッとしています」とか「ヒマなので新居の近くを散策してまーす」などというつぶやきで溢れていた。

要するに、筆者には会いたくないということなのだと、そのときになって理解した。

以来、彼にはまったく連絡していない。彼からも、何の連絡も来ない。もはや、永久に彼からのアプローチはないだろう。

また、別のライター氏はもっと直接的だった。

彼もまた筆者が駆け出しの頃からの知り合いで、それほど深い付き合いではなかったが、たまに電話で互いの悩みや相談ごとなどを話したりすることがあった。そして、彼もまた努力が実って立派な仕事をするようになった。

その彼にあるとき、「たまには食事でもどうか」とメールを送った。特に相談などがあるわけでもなかったが、単に、知り合いとして久々に雑談でもしようかという、それだけのことだった。

しかし、彼から返ってきたメールの内容は、以下の通りだった。

「今の橋本さんと会っても、愚痴を聞かされるのがオチでしょう。そういう非建設的なことは、お断わりします」

簡潔に、「今のお前には会いたくない」ということが書かれていたのだ。

確かに、仕事がうまくいかず、経済的にも窮乏している筆者である。そのことは、彼のみならず仲間内にも知れ渡っている。

だから、どんなに明るく振舞ったとしても、愚痴っぽいことを筆者は口にしてしまうかもしれない。

彼のいうことにも一理ある。その後、筆者は彼への連絡を遠慮するようにした。

ところが、それからかなり経ってから、彼から留守番電話が入っていた。

「橋本さんは彩図社で本を出していますね？　紹介してください」

「愚痴を聞かされるからお前に会いたくない」という人間が、「出版社を紹介しろ」と連絡してくるのは、ある意味、建設的なことかもしれない。だから、彼には何の悪気もないのかもしれない。

しかし、筆者は人間がまったくできていないので、彼に連絡することはなかった。

おそらく、彼にとって筆者は単なる「道具」に過ぎないのであろう。カネのない人間は、道具や手段としてしか扱われないのだということを、このときほど思い知らされたことはない。

そのほかにも、「お前に会う必要はない」とか「用もないのに電話をかけてくるな。迷惑だ」などといわれたことは、ここ数年で、数え切れない。

もちろん、赤の他人のような人たちからではない。彼らは皆、以前なら、快く雑談にも応じてくれていたような知人や友人だ。

カネがない、貧乏だということは、人格まで否定されてしまうのだと、実感として強く身に刻まれるような思いがした。

そして、こうした傾向は現在でも続いている。

無責任なことをいう人々

貧困や生活苦が原因で、知り合いから相手にされなくなるのも悲しいが、実に無責任なアドバイスをしてくる人たちも問題だ。

生活が苦しいことについて、神戸在住の知り合いに電話で相談したことがある。その男は、すぐに電話口でこういい放った。

「ガハハハハ。カネなんてなくたって、どうにでもなるよ！」

何とも豪快だ。そんなことをいうなら、何か知恵でもあるのかと思って聞いてみると、彼は次のようにいった。

「関西じゃ、生活保護をもらいながらベンツを乗り回している連中がゴロゴロいる。あなたもそうすればいいだろう」

なるほど、彼はおそらく、生活保護の不正受給に関する、よほどすごいノウハウや裏ワザを心得ているのだろう。

とはいっても、筆者はそんなことを実行する気などまったくない。筆者が望むのは、生活の建て直しである。家族で普通に日に三度の食事をして、平穏に暮らしたいだけだ。

楽をして大金を手にしようなどとは、カケラも思っていない。ただ、それはどんな方法なのかを、知識として知っておきたいと思ったので、具体的に、その人たちはどのようにしてそんな暮らしをしているのか聞いてみた。

「いや、そんな連中がいるらしいから、何か生活保護でうまいやり方があるんだろう」

何のことはない。すべて彼の憶測でしかないというわけだ。彼は、続けてこういった。

「あとは、自分で調べてうまいことやんなさい」

冗談じゃない。困っている知人に対して、あまりにふざけた態度ではないのか。

筆者が呆れて黙っていると、彼はさらに笑いながらいった。

「とにかく、役所に行って相談してみろよ。何かあるはずだぜ。本当に困っているなら、行政がどうにかしてくれるだろう。ハハハ」

結局、この能天気男は、「何かある」「とにかくどうにかなる」を連発するばかりだった。何も知らずに、適当なことばかりいうのだ。場所も知らないのに道案内をしているようなものである。

筆者は怒りのあまり、いい気分で話し続ける彼を放置し、電話をつないだまま、テーブルの上に置いて出かけた。

このときは、本当に頭にきた。

なぜなら、行政の対応など、自治体や地域によってかなりの差がある。例えば、筆者の住む相模原市は、住民福祉がそれほど進んでいない。

それどころか、津久井郡を合併した時点でいろいろな助成金が削られ、政令指定都市になると、さらに福祉関係が削られた。

そもそも、相模原市は住宅福祉が不備である。ほかの自治体に設置されているような、低所得者向けの家賃補助などについても、制度そのものが存在しないのだ。

そんな相模原市の現状について、関西に住む能天気男は何も知らず「役所に行って相談すれば何かある」というのだ。無責任にも程がある。

彼とは、それ以来ずっと連絡を取っていない。改めて連絡する気もない。


また、こういう手合いは彼だけでなくほかにもいる。

あるルポライター氏は、ホームレスの取材なども手がけている人物だが、貧困一般の問題についてはあまりに無理解だった。

やはり筆者が、「生活が苦しい」とこぼすと、このルポライター氏はメールでこんなことをいってきた。

「さっさと生活保護の申請をしなさいよ。家族を路頭に迷わせたいの？」

筆者が生活保護の申請をしない理由は、別の項（17ページ参照）で述べたが、繰り返せば、まず引っ越しによって家族の生活、つまり学校などの人間関係などを変えたくないこと、そして、クルマを手放すことによって夜勤の仕事を失いたくないことなどである。

ところがそのようにいうと、ルポライター氏は、またしてもわけの分からないことをいい出すのだ。

「ふーん。でも、クルマだって、通勤に必要だといえばたぶん大丈夫でしょ?」

ここでも憶測が炸裂である。

しかし、筆者はすでに確認済みなのだ。クルマを所持したまま、生活保護を受けることは、「まず無理」である。

さらに、生活保護を受けることによって、自立どころかかえって自分で生活できるところから脱落してしまうケースも少なくない。

ルポライター氏は、そんなことも知らないし、想像すらできないのである。

前述の通り、彼は長年にわたってホームレスの取材をしているというが、いったい何を取材しているのだろう。理解に苦しむ。

筆者は、彼らのアドバイスが使えないから腹を立てているわけではない。彼らが何か具体的な情報や知識を持っていて、それに基づいて助言してくれるのであれば、実用的だろうがそうでなかろうが、それは感謝に値する。

だが、彼らはそうではない。「何か手立てはある」という空疎な憶測だけで、「やってみろ」とけしかけるのだ。

まるで、登山の経験もなく、山について何の知識もない人間が、「どうにかなるから山に登ってみろ」と他人に指図するようなものである。

こういう人々というのは、何ひとつしてくれないくせに、いうことだけはいうのである。「あなたも大変だろうけど、私は何も知らないし、あなたに何もしてあげられません」といってくれるほうがはるかにマシだ。

ちなみに筆者も、かつては、「せっかく忠告してくれたのだから」と、いわれる通りにやってみたことが何度もある。

だが、役所に出向いても「そういう制度はありません」などといわれ、スゴスゴ帰ってくるのがいつものオチだった。

そのことを、忠告してくれた本人に伝えると、彼らは悪びれもせず、決まってこういう。

「そうか。ならば仕方ないな」

とことん無責任なのである。

「はなまるうどん」の鰹節有料化に愕然とする

貧乏人にとって、外食は相当な決意を必要とするものである。よって、できれば外食はせず家庭の食事だけで済ませたいが、仕事で外出した際などは、どうしても外食に頼らざるを得ないことがある。

水を飲んでやり過ごすこともあるが、さすがにいつもそれで済むわけもない。特に、午前中から出かけて、夜遅くまで帰れない日などは、外食をしないと身が持たない。

そういう場合、スーパーなどで値引きされた弁当を買うという手もあるが、食べる場所に困ることが多い。

気心の知れた編集部ならば、「ちょっと失礼していいですか」などと断れば、パックのお弁当やおにぎりを食べるスペースをお借りすることもできるし、場合によっては公園のベンチで食べることも可能だ。

だが、出先でいつもそうした場所が確保できるわけではない。やたらと弁当のパックを開けたりすると、匂いで周囲の迷惑になったりすることも多いのだ。

そこで、必然的に格安で食べられる飲食店を利用することとなる。

とはいえ、それでもある程度の内容と、コストパフォーマンスは考えなければならない。筆者の個人的な目安としては、１食あたり４００円以下で、できれば主食として「米飯」が入っていること。そして、なるべくボリュームがあることがポイントである。

いくら安くても、中途半端な量を食べてしまうとかえって空腹を増進させてしまう。完全な空腹の場合なら、段々麻痺してきて空腹自体を感じなくなったりもするが、少しだけ食べて食欲が刺激されてしまうと、そこから耐えるのは実につらい。

とにかく、安く空腹を満たすことができ、それなりの量が食べられるところを探すしかないのだ。

その代表格は、やはりチェーン店の牛丼屋だろう。値段の割には高栄養価で、ボリュームもある。

一方、ラーメンやそば類は意外と高い。また、ファストフード類は、単品は安いがボリューム感に乏しいので、かえって高くつくことが多い。

各牛丼屋が特に優れていると思うのは、「必ずしも牛丼を頼む必要はない」という点である。というのも、牛丼屋にはどのチェーンでも、たいてい「ライス」がメニューにあり、価格は120〜150円くらいだ。

これに「みそ汁」か「生卵」をつければ、立派な食事になる。こちらは50〜70円くらいなので、総額で200円程度。

最近は「卵かけご飯定食」などを朝限定で出すチェーンもあるが、朝でなくとも、200円くらいでご飯と生卵を食べることは1日中できるのだ。

とはいえ、このやり方は、実は筆者のオリジナルではない。昔、ある牛丼屋で知らないおじいさんがご飯とみそ汁だけを注文して美味しそうに食べているのを見て「なるほど」と思い、筆者も真似をするようになったのである。

さらに、筆者がもう1つ気に入っている店として、讃岐うどんチェーン店の「はなまるうどん」が挙げられる。

うどんの「かけ」の小が、現在では130円だが、かつては105円という低価格で、それにライスが大でも180円。これに天ぷらをつけても、500円でお釣りがくる。ちなみに、同チェーンに置いてあるしょう油は、筆者のお気に入りである。ご飯に天ぷらを載せて、しょう油をかけただけでとても美味しい天丼になる。

だが、筆者はめったに天ぷらなど頼めない。基本的には、うどんとライスを注文する。そして、薬味コーナーにある無料の鰹節をご飯に載せ、そこに件のしょう油をかける。これで、とても美味しい「猫まんま」のできあがりである。

だが、残念ながら現在では、この方法を実行できない。なぜなら、かつては無料だった鰹節が、有料になってしまったからである。

ある日、はなまるうどんの某店でその事実を知ったときには、絶望と失意でしばし愕然としてしまった。あの猫まんまは、高嶺の花になってしまったのだ。

そして、学生時代に聞いた、ノーベル賞作家の大江健三郎氏の講演を思い出した。

それは、大江氏がまだ東大の学生だった頃の話である。貧乏学生だった大江氏は、学食の売店で「コロッケ抜きのコロッケパン」を買っては、学生食堂備え付けのソースをかけて食べていたという。

なぜ「コロッケ抜きのコロッケパン」かというと、学食のソースをパンにかけることは禁じられていたが、コロッケパンだけは例外だったのだそうだ。

だから大江氏は、コロッケパンからコロッケを抜いた安いパンを買い、それにソースで味をつけて食べていたというわけである。

しかしある日、大江氏が学食に行くと、「コロッケ抜きのコロッケパンにソースを使うことを禁じる。東大生協」という貼り紙があり、氏は愕然としたという。

この話を聞いた当時は、ただの面白いエピソードと思うばかりだったが、それから30年近く経って、自分がはなまるうどんで同じような感情を抱くとは、夢にも思わなかった。

貧乏だといきなりの不幸に対応できない

２０１３年2月11日、この日は早朝から取材で愛知県の豊田市にクルマで出かけていた。知り合いのジャーナリスト、林克明氏と共に取材に赴いていたのだ。

取材先は、トヨタ自動車に対する抗議行動「トヨタ総行動」。

これは、トヨタの労組が御用組合化しているため、地元の地域労組や職域労組などがトヨタに対して抗議活動を続けているというもので、今年で34回目になる。

取材は無事に終わった。内容あるインタビューも取れた。あとは、自宅に戻って原稿を書くだけである。休日にもかかわらず、東名高速道路はスムーズに流れていた。

（これなら、あと2時間もあれば家に着くだろう）

そう思いながら、暗くなりつつあった東名道をひた走っていた。

ところが、午後6時を過ぎた頃、異変が起きた。走行中、タイヤが砂か何かを巻き上げるような音がしたのだ。しかし道路には、特に何かが落ちているようには見えなかった。

（おかしいな……）

そう思った次の瞬間、いきなりエンジンルームから「ガシャン」と何かがぶつかる音がした。それは、金属のようなものが外れて、はね返るような音だった。

「いったい、何だ？」

筆者はあわてた。

「今の音は、何ですか？」

助手席の林氏も、その物音に気づいたようだ。

そして、筆者と林氏が不安を覚える間もなく、スピードメーター上にあるバッテリーの警告灯が点灯し、水温計が針を振り切った。オーバーヒートの状態である。

「これはちょっとまずいな……」

筆者も運転免許を取って30年近くなるが、こんな経験は初めてである。林氏にクルマのマニュアルを見てもらったが、この状態がどんな異常を示しているのか分からなかった。

こうなった時点で、いったんクルマを路肩に停めるべきなのだろうが、あわてていたことと、少ないながらも交通量があったことから、そのまま走り続けてしまった。これがいけなかった。

やがて、さらなる異変が訪れた。エンジンルーム内でカラカラと何かが空回りする音がする。そして、アクセルを吹かしてもスピードが上がらなくなってきた。

「これは、いよいよまずそうです」

筆者は林氏にそういい、クルマを路肩に寄せるよう操作した。車線の真ん中で動かなくなることだけは避けたい。だが、先ほどよりも交通量が増えている。注意しながら、ウインカーを出しつつ左へとクルマを寄せる。

このとき、周囲のクルマも筆者らが乗るクルマの異変が分かっていたのかもしれない。何とか、筆者はクルマを路肩に寄せることに成功した。

そして路肩に停車させたとたん、クルマはまったく動かなくなった。ギリギリで間に合ったような感じだ。

クルマから降りてみると、異常は明らかだった。エンジンルームから出ている煙が、クルマのライトに映し出された。ボンネットを開けると、とたんにまっ黒な煙がもうもうと立ち上った。

筆者は、すぐに携帯電話でＪＡＦに救援を求めた。そして、支持された通りに林氏とクルマの外に出て、安全を確認しながら待機した。しばらくすると、故障に気づいたハイウェイパトロールのクルマが近づいてきて、職員さんがセーフティベストを貸してくれた。それを羽織って、われわれはなお待ち続けた。

とんだ迷惑をかけてしまったことを、筆者は林氏に謝った。

すると林氏は、「いやとんでもない。それより、事故にも遭わず2人とも怪我もしていないことが何よりですよ」と、笑いながらいってくれた。本当に申し訳なかった。

救援を待っている間、道路を見ると、故障したクルマが走ってきた道筋に何かが漏れたような跡が続いていた。触れてみるとそれはオイル類ではなく、どうやら冷却水のようだった。ラジエーターが完全に壊れていることは、容易に予想できた。

そうしているうち、日が暮れて真っ暗になってしまった。筆者は寒さに震えながら、家族に帰宅が遅くなることや、勤務先に夜勤を休むことなどを連絡した。

連絡しながら、「これから、どうなるんだろう？」と、不安で動悸が速くなるのを感じた。

電話してから50分ほどで、ＪＡＦの車両が到着した。故障車両をレッカーに乗せ、高速道路を降りた。料金所の傍らにあるＮＥＸＣＯの敷地に移動車両ごと停めると、職員がクルマの状況を見にいった。

それを待つ間、不安はドンドン膨れ上がっていった。

やがて職員が戻ってきた。対応はとても親切だった。だが、説明を聞いて、筆者は絶望のどん底にたたき落とされた。

「ウオーターポンプのベルトが外れて、エンジンが冷却されなくなったのが原因のようです。それから、冷却装置だけでなく、エンジン内部の圧縮にも問題が出ていると考えられますので……」

ウオーターポンプやラジエーターの修理や交換だけでも、20万円から30万円以上の費用がかかることは知っている。

まして、エンジンまでダメージを受けているとなると、修理には途方もない金額が必要だ。

すなわち、「買ったほうが安い」という状況なのは、もはや明らかだった。

ただし、当然ながら筆者はクルマを買い換えるための費用など、持ち合わせてはいない。

折りしも、翌日は筆者が夜勤で働く契約社員の契約更新期限の日であったが、クルマがないので行けないし、翌日1日だけ頑張って歩いても、その後、毎日徒歩通勤ができるわけもない。何しろ、15キロの道のりなのだ。

筆者にとって、クルマを失うということは、夜勤の職を失うということを意味していた。兼業ライターから失業ライターへと転落してしまうのだ。

これが、少しでも蓄えがある者ならば、安い中古車を買うなどして少なくとも仕事は続けられるだろうが、筆者ほど困窮している状態だと、急な不幸に対応できないのである。

筆者は、目の前が真っ暗になった。声を上げて、のた打ち回って泣き叫びたい気持ちであった。

この突然のトラブルの後、筆者は夜勤の仕事を辞めざるを得ず、さらに移動にも不自由な生活を送っていた。

　しかし、クルマを失ってから半年ほどが経ったある日、筆者の窮状を気遣ってくれた旧知の編集者氏が、「そろそろ買い換えようと思っていたので、よかったら」といって、なんとミニバンを無償で譲ってくださったのである。

　10年以上前の型で、それなりに年季が入っているが、普通に走るぶんにはまったく問題はなかった。タイヤ交換といくらかの修理が必要だったものの、現在もこのミニバンは元気に走っている。

　こうした筆者を助けてくださる人々の優しさは、本当にありがたいものだと強く感じる。

第2章
ビンボーと支払い・借金

何から支払うべきか

貧乏になると、当然ながらいろいろな支払いが滞る。

人として、また消費者として、使ったものについては料金を支払うのが当然のことだが、払いたくとも払えない。そういうケースが頻繁に発生する。情けないことだ。

そして、もちろん支払いの対象は1つだけではない。

そのため、「何から支払うべきか」、つまり、「何を後回しにしても大丈夫か」を考えなければならなくなる。

まず、生活に必要なものは無理をしてでも払わなければならない。

例えば、電気代などがそれにあたる。これは1ヶ月しか猶予されない。支払い予定の翌月には支払わないと、即座に電気を止められてしまう。足りない場合は、知人からおカネを借りたり、本やカメラを売ったりして、どうにか支払う。

以前、「電気なんてなくたって、何とかなるだろう」などと若いライター氏から笑われたことがあるが、そんなはずはないことなど、ほんの少し考えれば分かることだ。

食料の保存もできないような状況で、どうやって生きていけというのか。想像力が皆無なのかとさえ思う。

話を戻そう。電気と同様に生活に必要なものが水である。ただ、こちらはそう心配しなくていい。筆者の住む神奈川県のケースで話してみよう。

神奈川県の場合、1ヶ月おきに上下水道合わせた料金の請求が届く。これを支払わないと、翌月に催促の請求書が届く。それでも支払わないと、さらに翌月に「給水停止通知書」なるものが配送されてくる。

給水停止通知書とは、神奈川県県営上水道条例に基づき、料金未納を理由に給水を停止すると通告するものだ。そして、その文面には、日付が赤字で記されている。

文面はかなり高圧的だが、これも震え上がるほどのものではない。文面に明記されている、神奈川県企業庁の地区担当の水道事務所に、すぐに電話すればいいのだ。

「申し訳ありません。水道を止めるという通知書をもらったのですが、期日までに料金が払えないのですが……」

すると、担当の職員はこちらの状況を確認したうえで、「いつなら払えますか?」と聞いてくるので、「月末までには」などと答えると、親切に説明してくれる。

「それなら、バーコードのある用紙で、コンビニで払っていただければ大丈夫です。ただちに給水が止まることはありませんから、安心してください」

同じ神奈川県の部署でも、血も涙もない県税事務所（106ページ~参照）とは大違いである。

バーコードのついた支払い用紙でコンビニ支払いを勧められるのは、オンラインで支払い状況がすぐに水道事務所に届くため、事務手続きが迅速にできるためだ。

銀行などの金融機関で振り込むと、水道事務所に入金が確認されるまで数日から1週間かかるようだが、入金後に「銀行から振込みました」と伝えれば、それで大丈夫らしい。

なお、期日までに滞納水道料金を支払わず、しかも連絡もしないと、自宅まで水道の担当職員がやってきて、使用者立会いのもとで給水停止の措置がなされるということだ。

それでも、その際にちゃんと事情を話せば、すぐに給水停止にはならないとも聞いた。水は最低限のライフラインなので、そう簡単には止めないということである。

使用者が不在でも容赦なく電気を止める電力会社に比べれば、自治体の水道事務所はかなり温情があると感じられる。

このほか、すぐに止められるのが電話関係。ＮＴＴも携帯電話各社も、やはり1ヶ月程度の猶予を過ぎると、言い訳も聞かずにブツリと停止する。

しかも、あわてて払っても、復活するのに時間がかかることがある。夜中にコンビニで払っても、再び使えるようになるのは朝になって各社の営業時間になって以降だ。

電話は、電気や水ほど深く生活に関わるものではない。とはいえ、電話がないと仕事などに大きく支障をきたす場合が往々にしてある。

ちなみに、筆者が電話を止められそうなときは、仕事をしている編集部などに「電話が止まる可能性がありますので、何かありましたら、今ご指示ください」と、あらかじめ連絡しておく。

一方、ガスについては、50年間ずっと郊外暮らしの筆者は、都市ガスを使った生活をしたことがないのでよく分からない。

そして、プロパンガスは、これもかなり鷹揚ですぐに止められたりはしない。引き落としや支払いができなくとも、「来月まとめてお願いします」という通知が来るくらいのものだ。プロパンガス屋さんというのは、地元の小さな商店がほとんどなので、事情を話せば待ってもらえることが多いようだ。

こうした地元の業者や商店は、付き合いということもあるのだろう、かなりこちら側の事情を配慮して対応してくれる。

例えば、新聞の集金などもそうだ。実際、支払いを先延ばしにしてもらったことが何度もある。

ただ、最近は新聞を購読する人も少なくなっているし、何より「貧乏なら新聞をとることなどやめればよい」と指摘されるかもしれない。

しかし筆者の場合、新聞は仕事で使うことが多いし、すべての記事がネットにアップされているわけではない。それに、新聞はほかの家族も読む。そういうわけで、新聞購読を続けているのだ。

月末になると、自宅まで新聞の集金のおばさんが来る。販売店の人には申し訳ないが、かなり後回しにさせていただいている。

玄関で「すみません、来週の週末くらいに、また来てもらえますか?」と、頭を下げながらいう。すると、「いいですよ。構いませんから」と、笑顔で対応してくれる。

支払いが危ないと事前に分かっていれば、こちらから連絡することもある。「集金ですけれど、月末じゃなくて次の月の5日頃にしてもらえないですか?」というと、「はい、分かりました」とすぐにOKが出る。

それでも、予定していた入金がなかったり、突発的なほかの出費があったりした場合、せっかく再度来てくれたおばさんに、「あのう、すみませんが……」と、再び頭を下げなければならないこともある。

しかしおばさんは、そのたびに、「はい、分かりました」と、またも笑顔で答えてくれるのだ。筆者はその都度、心の中で土下座をしていることはいうまでもない。

大手の各新聞の発行元にはいろいろと問題もあり、指摘や批判すべきところも少なくないが、販売店やそこで働く人たちはそうしたことと関係なく、善良な方々が大半だと思う。

ともあれ、各種支払いについてはキチンと事情を話せば、１週間とか、あるいは１ヶ月くらい程度なら、支払いを先延ばししてくれるケースは少なくない。

だから、払えないといっても、過度に悩んだり、落ち込んだり、逃げたりする必要はないというのが筆者の経験による考えだ。

ただし、前提として、払えるならばすべての対象にすぐにでも払いたいとは思っている。踏み倒そうなどとは露ほども思っていないのだ。

家賃を滞納するとどうなる？

家賃は高い。何度繰り返しても仕方がないことだとは分かっているが、それでも何度でもいいたくなる。家賃はかなりの重荷なのである。

管理費や駐車場代を含め、３ＬＤＫで月額9万円の家賃は、都内と比べれば格段に安いといえるだろう。しかし、筆者にとって毎月９万円という金額は相当なものだ。

そして、収入が減ってきた２００７年頃から、家賃の支払いが遅れることが多くなっていった。

とはいえ、1ヶ月分で、しかも数日から1～2週間程度の滞納であれば、管理会社は何もいってこない。

そのうち、28日くらい遅れるようになった。だが、この段階でも管理会社からは何の連絡もなかった。どうやら、1ヶ月以内の支払いの遅れなら、大目に見てくれるようだった。

ただし、家賃の支払いの遅れについては、大家さんや管理会社によって対応がまちまちなのではっきりしたことはいえない。

筆者のケースでは前述の通りだが、知人などに聞いたところによれば、決められた期日から数日過ぎただけで催促の電話をかけてくる管理会社もあるらしい。

よって、以下はあくまで筆者の個人的な経験として読んでいただきたい。一般論ではないのでご注意を。

2007年の冬頃だったと思う。その月は、とうとう家賃の支払いができなくなってしまった。そして、ついに管理会社から電話が来た。

「橋本さんですか？　先月の家賃の件ですが……」

すぐに筆者は未払いを認めた。そして、来月には払うと伝えた。

「そうですか。よろしくお願いします。お支払いいただければいいですよ。何とか帳尻を合わせていただければ」

管理会社の担当者は、笑いながらそういった。とてもソフトで、感じのいい対応だった。

次の月は、まとまった原稿料の入金があったので、2ヶ月分の家賃18万円を約束通り支払った。

ところが、それからしばらくしてやはり家賃が払えなくなった。しかし今度は、特に管理会社からは何も連絡がなかった。しかも、その翌月にも1ヶ月分しか家賃を払えなかった。それでも、管理会社からの連絡はなかった。

そんなことが、それから2回ほどあった。つまり、家賃の滞納分が3ヶ月分溜まった状態になったのである。

そして、3回目の家賃が支払えなかった日から数日後、午前中に自宅のチャイムが鳴った。ドアを開けると、管理会社の人が2人立っていた。

「家賃の件でお伺いしました」

来たな、と筆者は思った。反射的に、口から出た。

「ああ、はい。明日には支払おうと思っていたところで……」

だが、管理会社の2人は、筆者のいうことなどまったく聞かずに話を続けた。

「つきましては、返済方法について決めたいと思いますので、当社のほうにお越しいただけますか」

溜まっている家賃のことで話をするから、ウチの事務所に来いというのだ。言葉遣いこそ柔らかいが、相当に威圧的である。意見や質問は一切認めない、そんな雰囲気だった。筆者は、若い2人に従うほかなかった。

後日、支払い方法を決めるべく、改めて管理会社の事務所に出向いた。といっても、実際には話し合って決めるというものではなく、すでに管理会社が決めたことについて、筆者がハンコを押すだけという状況だった。

ただし、管理会社も無理難題を押し付けてはこなかった。溜まっていた3ヶ月分の家賃、総額27万円を、毎月1万円ずつ家賃に上乗せして支払っていくというものであった。つまり、毎月10万円の支払いを、27ヶ月間続ければいいのだ。

「これでよろしいですね？」

管理会社の担当はそういいながら、書類を筆者に提示した。

もし、この支払いができなければ、保証人に請求することと、連絡なしで筆者が住んでいるドアの鍵を交換することなどが明記してあった。

むろん、筆者は承諾するしかなかった。

「家賃が高いなら、もっと安いところに引っ越せばいい」などと思われるかもしれないが、筆者1人ならいざ知らず、家族5人が住むとなればそれなりの広さが必要だし、現在の住まいは、すでにかなりの格安物件だといえる。それに、そもそも引っ越し費用が手元にないから、安易に引っ越しなどできないのだ。

とにかく、管理会社の提示した返済計画に、筆者は納得してハンコを押した。毎月1万円ずつであれば、何とか返せると思ったからである。

書類の作成後、担当者がこういった。

「もし、支払いがきついというときには連絡していただければ、少しくらいの遅れは大丈夫ですから。例えば、3日とかそのくらいは」

筆者を気遣う感じだったが、それ以上、つまり1週間とか半月とかは待てないということを、暗にほのめかしていたのかもしれない。

「それから、どうしても工面できないときは、通常の家賃だけ先に払ってもらって、返済分の1万円は後からでも結構ですよ」

これも、返済分は絶対に帳消しにはならないぞというダメ押しだろう。

「まあ、橋本さんは正直に連絡してくれますし、逃げたりもしませんからね」

これは、筆者を信用しているというより、家族がいるので逃げられないことを確認しているのではなかろうかと思った。

とはいえ、そもそも家賃を払っていない筆者が悪いのだから仕方ない。

話がすべて終わった後で、筆者は少しばかり安堵してしまい、思わず、口から愚痴めいた言葉が出てしまった。

「いやあ、厳しいものですね……」

すると、それまで柔和だった担当者の目つきが、いきなり険しいものになった。

「3ヶ月分の家賃滞納は、退去の要因になるんですよ」

筆者の背筋に悪寒が走った。

つまり、「家賃を3ヶ月分も払っていないお前は、追い出されても文句はいえないいんだぞ。温情に感謝しろ」というニュアンスに感じられた。賃貸入居者は、常に首にヒモがくくりつけられている存在なのだと、改めて実感した。

クレジットカードの無情な掟

筆者は、2011年の秋頃まで、クレジットカードを2枚所有していた。用途は日用品などの購入のほか、取材に必要なものや交通費などもこれで払うことがあった。だが、筆者のような貧乏生活では、一括払いなど不可能である。金利がかさむのでいけないとは思いつつ、リボ払いで支払っていた。

しかし、利用金額が増えるにつれ、返済金額もドンドン増えていった。月額1万円程度なら何とか払い続けることができていたが、2万円になり、3万円を超えると、返済が難しくなっていった。

そして、2011年の夏頃には、ついに支払いが滞るようになってしまった。

「満額は無理だけど、少しずつでも払えばいいだろう。金利分を上回る金額を払っていれば、何とかなるに違いない」

筆者は勝手にそう思い、2000円とか3000円程度の金額をATMから入金していた。

ところがある日、ATMが筆者のカードを受けつけなくなった。返済しようとしても、拒否されてカードが排出されてしまうのだ。

「おかしいな」

そう思って、試しにセルフのガソリンスタンドでカードを使ってみると、「ご使用になれません」とのアナウンスが出た。

支払いが滞っていたため、カードが失効してしまっていたのだ。「しまった」と思ったが、そのときはそれほどあわてなかった。「1枚が失効しても、もう1枚を大切に使っていけばいい」と、無知な筆者は、呑気にそう考えたからだ。もう1枚のカードは利用枠が10万円までだったので、支払い金額も低く、それまで何とか返済できていたのである。

ところが、何日か経つと、そのもう1枚のカードも使用できなくなってしまった。

クレジット関係に詳しい方はご存知だと思うが、カード会社各社は信用情報機関を通じ、利用者の情報を常にチェックしている。

支払い滞納などの事故が起きると、すぐに信用情報機関に通知され、その情報が記載されてしまう。すると、それまでキチンと返済しているカードについても、「コイツは危ない」とみなされ、失効してしまうのである。

このように、カード会社や貸金業者などは、信用情報機関によって横でつながっているいると考えてよい。こうした状況は今に始まったことではないが、近年になって、よりその連結が緊密になっているようだ。

今回の教訓として、クレジットカードは1枚で十分だということ、そして、便利だからといって、ドンドン利用枠を広げるべきではないことが挙げられる。

しかし、貧乏生活では、より大きな利用枠がほしいのも正直なところなのだ。「カードは使うべきではない。借金はすべきではない」とは十分に分かっているが、「カードを使わざるを得ない、借金をせざるを得ない」という状況もまた、貧乏生活の現実なのである。

そして、「貧乏人のカード生活は必ず破たんする」というのも、必然なのではなかろうか。

ローンやクレジットカードについての根本的な誤解

貧乏生活を続けていると、世の中の本当のことが分かってくることが少なくない。例えば、ローンやクレジットカードに関することもその1つだ。

結論からいえば、ローンやクレジットカード、キャッシングなどというものは、おカネに余裕がある者だけが利用すべきものである。間違っても、貧乏な者が手を出してはいけないのだ。

しかし、この意見については反論も少なくないだろう。つまり、貧乏だからおカネを借りたりローンを組んだりするのであって、経済的に余裕があるなら借金などする必要がないだろうという反論だ。

この考えは、一見すると正しいように感じられる。だが、実は根本的に間違っているのだ。

借金は、当然ながら後から返済していかなくてはならない。その際、収入のほとんどが生活費に消えてしまう筆者のような者は、たちまち支払いが困難になる。返したくても返せないのだ。

当たり前のことだが、そのことを、筆者は身をもって痛いほど実感している。

一部の政治家やエコノミストなどは、もっと規制を緩和してローンやキャッシングをより多く利用できるようにすべきだと主張しているようだが、これはとんでもない話である。

収入が増えないままで借金だけを重ねていったら、パンクするのは時間の問題だ。100パーセント破たんするといってもいいほどである。

だから、安定した収入があって、昇給やボーナスを期待できるような経済的余裕がある人でなければ、ローンやクレジットカードは利用すべきではないし、してはならない。

もし、政治家やエコノミストらがローンやクレジットカードの規制を問題視するのであれば、それよりも前に、正規雇用や給与の増加と安定を主張すべきだ。

そうでなければ、今後も借金苦にあえぐ人が減ることはまずないだろう。

最も過酷な取り立てを行うのは？

「過酷な取り立て」とか、「しつこい支払請求」というと、世間一般では、どのようなものをイメージするだろうか。

マンガなどに登場する、ヤミ金などの非合法な借金取りだろうか。戸口まで来て「コラァ、カネ返せ！」などと怒鳴るようなイメージ。

しかし、そんなものはもはや過去の話だ。現在では、そんな暴力的な借金の取り立てはない。

むしろ、借金ではないが、事実上の国営放送である日本放送協会、すなわちＮＨＫの受信料の集金は、7～8年前までかなり悪らつだった。

とにかくガラが悪く、ドアチャイムも、ピンポンピンポンと何度も押し続ける。

そして、「受信料を払わないのは犯罪ですよ。裁判すれば、確実に負けますから。そうしたら、アンタは犯罪者ですよ。前科者になりたいの？」などと恫喝めいたことをいってくる。

しかし、これはとんだデタラメである。代金未払いは民事訴訟になるから、仮に裁判で負けたとしても前科などつくはずはない。

あまりに滅茶苦茶なので、ＮＨＫのコールセンターに苦情をいったこともあるが、「当方とは無関係」と、まったく無視されておしまいだった。

その後、NHKが起こしたさまざまな不祥事が世間を騒がせたため、そうしたデタラメな集金はなくなったが、何しろ、昔は酷いものだったのだ。


さて、そんな筆者が経験した取り立ての中で、最も過酷でしつこい相手は、神奈川県税事務所であった。具体的には、自動車税の集金である。

自動車税というのは、金額が3万円から4万数千円という決して小さな額ではないにもかかわらず、一括払いが原則である。もちろん、筆者のような貧乏人は払えないことが多いので、分割払いを頼みに県税事務所まで行くしかない。

「あのう、自動車税の分割払いをお願いしたいのですが」

実は、自動車税に限らず、税金等は頼めばまず分割払いが認められる。よほど非常識な要求をしない限り、だいたい納税者の希望が通るのだ。

例えば、滞納額が5万円の場合、「50円を1000回払い」などというのはダメだが、5000円で10回の分割ならたいていは認めてくれる。

ところが、神奈川県税事務所の自動車税係は何とも横柄だった。

「分割？　2回、それとも3回？」

こちらの都合を聞く前にそういい放ってくる。「その程度しか認めねぇぞ」という態度である。そこで筆者はおずおずと希望を述べる。

「ええと、1万円ずつの支払いにしていただきたいのですが……」

するとそのMと名乗る人物は、露骨に嫌な顔をしながら面倒臭そうに続けた。

「1万円ずつって、支払いは、4万3000円ですけど、4回払いということ？　端数の3000円は、どうするんですかぁ？」

いちいち言葉を区切りながら、念を押すような感じで喋る。それが実に嫌味に聞こえる。

筆者としては、最初に1万3000円を払い、その後1万円ずつ払うつもりだったので、そのように説明したところ、「ああそうですか」と吐き捨てるようにいった。

本来、こちらも、払えるものならスパッと一括で気持ちよく払いたい。払いたいけれど払えないから、こうしてお願いに来ているのである。わが身を情けないと思う一方、M氏の物言いもどうかと思った。

とはいえ、納税者とは弱いものである。筆者は、「はい。そのようにお願いします」といって、頭を下げるしかなかった。

そんな自動車税は前述の通り高額なので、滞納してしまったことは一度や二度ではないのだが、ある年は、滞納していた自動車税を、間違って滞納分が加算されていない用紙で払ってしまった。

税金類は滞納するとかなり高い利子がつく。滞納金はたしか3000円だった。すると、しばらくしてから県税事務所の職員が自宅までやってきた。そのときはたまたま持ち合わせがあったので、すぐに3000円を支払ったのだが、考えてみると、3000円を取り立てるために、県税事務所の職員が直接自宅までわざわざ押しかけてくるのだから、何とも凄まじい。「たとえ3000円でも見逃さないぞ。絶対に取ってやるぞ」という意地を感じる。

また、自動車税は毎年のことゆえ、分割でもなかなか払えない場合がある。そんなときは、県税事務所まで行き支払いを待ってもらうしかないのだが、またしても屈辱的な、不愉快な思いをするのかと思うと、行くのが嫌になってしまう。

確かに税金を払うことができないのはこちらも悪いが、担当の職員たちの、まるでいじめのような態度には疑問を感じるのだ。

どうして役所の税金担当の人たちは、納税者に税金を快く払わせようという工夫をしないのだろうか。県税事務所は特に態度が悪いのだが、市の職員も似たようなものだ。とにかく高圧的に、ときには恫喝めいた態度と言葉で迫ってくる。

こちらも支払いを拒否しているわけではなく、支払いの方法や時期について相談したいだけなのに、職員によっては、まったく通じないことさえある。「払え、払え」その繰り返しなのだ。

消費者金融やカード会社も、これほど過酷で高圧的な態度には出ない。まして、たかが3000円を取り立てるために、自宅まで来ることなど絶対にない。

このほか、直接職員が来ない場合でも、支払えない税金をそのままにしておくと、恐ろしいことが起きる。

税金を滞納していると、最初は何度も督促状が来て、その後、今度は差し押さえの通知がくる。しかし筆者は、差し押さえられる財産などどこにもない、まったく見当たらないので、とりあえず何もしないでおいた。

また、通常、差し押さえという行為はそう簡単にできるものではない。差し押さえなどというと、いきなり自宅に裁判所の係官がやって来て、手あたり次第に差し押さえを示す書類か何かをペタペタと貼り付けるようなイメージを持っている人がいるかもしれない。

しかし、現実にはそんなことはまずない。「民事執行法」という法律によって、家財道具などの生活必需品や、仕事に必要な物品や備品は、差し押さえてはいけないことになっているのだ。

さらに、憲法では国民の生存権を認めている。いかに税金とはいえ、生活や生命を脅かすような真似はしないだろう。仮にも公の機関が、そんなことをするはずがない。

しかし、その考えは甘かった。

ある日、入金されるはずの夜勤の給与についてＡＴＭで確認したところ、明らかに金額が足りなかった。驚きあわてた筆者は、通帳に記帳して何があったのかを確認した。すると、そこにはカタカナで明確に記されていた。

〈サシオサエ〉

やられたと思った。

筆者の夜勤の給与は、たかが９万円ほどに過ぎない。そこから、５万５００円が差し押さえとして差し引かれていたのである（本書のカバー参照）。その後、筆者が半狂乱になって、生活費の工面に駆けずり回ったのはいうまでもない。

これは貧乏人にとって、実にためになる教訓であった。すなわち、役所というのはやるときにはやるのだ。税金とは、国民の生活を犠牲にしても、何が何でも回収して当然のものだと考えられているのである。

国民年金と国民健康保険

フリーランスや自営業者にとって、国民年金や国民健康保険の支払いはつきものだが、生活が苦しければ、これらの支払いも容易ではない。

ただし、国民年金と国民健康保険では、支払いについてかなり温度差がある。

まず国民年金だが、これは簡単に保険料の支払いを免除してもらえる。

役所の国民年金担当窓口で、所得が少ないために保険料の支払いが困難であるとの旨、つまり「貧乏なので払えません」といったことを申請書に記入して提出すればよいだけなのだ。なお、郵送でも可能である。

筆者は何年か前に申請したが、その際、年金手帳と確定申告の控えは持参したものの、特に収入について細かく確認を求められたという記憶はない。

あっさりと申請が通って、それ以来、毎年「全額免除」が認められている。非常に簡単だ。

筆者の場合、年金というものをまったくあてにしていないので、もっと以前に、さっさと支払い免除を申請すべきだったと激しく後悔している。

一方、国民健康保険のほうだが、こちらは低所得者への優遇などは一切ない。

そもそも、国保の保険料は収入によって算出されるため、役所からみれば「適正な金額」ということになるらしい。

だから、払うのが当然のものなのだという考えなのだろう。たとえ収入がゼロであっても、国保の保険料が免除されることはない。

そして、滞納すると、前項の自動車税と同じように「差し押さえ」を実行する可能性が高い。

もし、差し押さえ通告などを何度も受け取った場合には、自治体の担当部署に連絡したほうがいい。支払い免除にはならないが、滞納分の分割での支払いはたいてい認められるはずである。実際、筆者も、滞納した国保保険料を毎月1万円ずつ払い続けている。

そして、前項でも述べたが、役所の差し押さえ予告は気をつけたほうがいい。

カード会社や消費者金融も、差し押さえの予告や裁判所を通じての支払い督促をかけてくることがあるが、実際には差し押さえが実行されるようなことは極めて少ない。ほとんどないといってもよいくらいだ。

電話での催促や文書での通知が来たら、「返済が遅れて申し訳ありません。返済の意思はあるので、もう少し待ってください」といえば、厄介なことにはまずならない。

だが、役所は要注意だ。業者ではないので採算を度外視してでも取り立てを実行する。

ある意味、血も涙もないやり方を挙行する。

筆者はここに断言しておく。役所とは、消費者金融よりも、カード会社よりも、街金やそしてヤミ金業者よりも、過酷かつ冷酷に、そして合法的にカネの回収を行う機関である。

決して庶民の味方などではない。絶対に。

借金生活と電話

貧乏生活につきものなのが借金だが、借金を返せなくなると、基本的に電話には出なくなる。

消費者金融やクレジット会社の催促は、まず電話であるため、返済の催促の電話が多くなるからだ。

だから、筆者は電話がかかってくると、まず携帯電話なら、着信の番号が見慣れない場合には、出ないでおいて後からその番号に非通知通話でかけ直すか、あるいは公衆電話からかけて確認する。

自宅にある固定電話の場合には、電話の前に行くが受話器は取らない。そして、留守番電話のアナウンスを聞き、相手が話し始めるのを待つ。

「小林と申しますが、橋本玉泉様にお伝えしたいことがございます……」

知り合いでもなく、自分の苗字しか名乗らない人間がこんな感じで喋ったら、これはほぼ間違いなく、貸金業者からの借金返済の催促である。

具体的な判別方法は、以下の通りだ。

・知り合いでもないのに、身分（所属する社名など）を名乗らず苗字だけ名乗る

・必ずこちらのフルネームを呼ぶ
・具体的な用件、つまり「返済のことについて」などとはいわない

普通の営業的な電話ならば、「○○不動産の田中です」とか「××書店の西川ですけれど」というように、会社やお店の名前をまず告げるのが当たり前だ。苗字だけ名乗る電話というのは、とにかく怪しいのである。

このように、社名を名乗らなかったり、具体的な用件を告げたりしないのは、第三者請求、つまり本人以外への請求行為になってしまう可能性を避けるためだ。フルネームを呼んで本人確認を入念にするのも、同様の理由からである。

というのも、法律によって、カネを貸した本人にしか返済などの請求をしてはいけないと決められており、それは、たとえ家族や肉親であっても例外ではないのである。もし、本人以外に返済の請求ができるとしたら、連帯保証人になっているようなケースだけだ。

だから、「本人が逃げても親や兄弟のところに取り立てが行く」などと信じている人がいるようだが、銀行や消費者金融、カード会社などが、実家の両親や離れて暮らす兄弟などのところに「返済してほしい」などと連絡したり、直接来たりすることなどは絶対にない。

なお、この第三者請求はかなり昔から違法行為であるが、貸金業者が厳守するようになったのは、ここ十数年ほどのことである。筆者がクレジット被害関係の取材で複数の人たちから聞いたところによると、15年ほど前までは、あらゆる業者が当たり前のように身内などに請求していたそうだ。

例えば、ある母子家庭の女性は、母親が使っていた某流通系のカード会社からしばしば督促の電話を自宅で受けたことがあり、「とにかく酷かった」と思い出す。

「母が出かけているので、『母はいません』といっても、『居留守じゃないんですか？』なんて疑ってかかるし、酷いときには、『あなた、家族の方ですよね？　だったら、代わりに払ってくださいよ』とか、『家族なら払うのが当然ですよね！』とか何回もいわれました」

ちなみに、クレジットカードの中でも、流通系、つまりデパートやスーパーのブランドで発行している年会費無料のカードというのは、あまり評判がよろしくない。

客商売なのだから対応も良くすればいいと思うのだが、支払いが滞ると無愛想な態度で「いつまでに払ってもらえますか！」とまくし立てる。

それでいて、利用者に落ち度のないトラブルが起きたような場合には、対応がズサンだったりするのだ。

ところで、消費者金融の取り立てはことのほか厳しいと思われているようだが、実際にはそれほどでもない。自宅までやって来て「払え！」「返せ！」などとやっていたのは、もう十数年以上前のことである。

現在では、よほど悪質な業者、たとえばヤミ金のような連中でない限り、わざわざ数十万円の取り立てのために出張してくることはない。

ただし、返済日が1日でも過ぎると、電話を何度もかけてくるような業者は珍しくない。筆者の経験では、最もしつこい業者の場合、滞納した翌日から、1日に5回から10回、頻度にしてだいたい1時間おきに電話がかかってきた。

しかしその電話も、出なければ特に気にはならない。延滞しても支払えば電話は止まるし、もし延滞し続けたとしても、絶え間なく電話がかかってくるわけでもない。また、2日ほどしつこく電話が来ていても、その次の日はせいぜい1、2回程度に減ったりもする。

そして、うっかり電話に出てしまった場合は、このようなやり取りになる。

「橋本様のお宅でしょうか？」

「はい、そうですが」

「玉泉様でしょうか？」

すでに述べた通り、貸金業者は本人確認を怠らない。筆者は答える。

「留守を預かっている者です」

別に「違う」とはいっていない。「本人です」という、主語を省略しているだけだ。するとと、業者はたいていこういってくる。

「玉泉様はいつ頃にお帰りになりますか？」

筆者は、さらに答える。

「夜遅くなると思います」

これもウソではない。「これから出かけるが」という部分を省略しただけだ。

すると貸金業者は、「では、橋本様にご連絡いただけるよう伝言をお願いいたします」というようなことをいって、電話を切る。

その後、筆者からはまず連絡しない。話といっても、「借金を返せ」ということでしかないのは分かっているからだ。しかも、カード会社や消費者金融などは、「返済についてはご相談ください」などといってはいるが、相談しても基本的にどうにかしてくれるものではないことを、筆者は経験的に知っている。

相談窓口とやらに電話しても、何の経験も能力も権限もないオペレーターから、マニュアルの読み上げのような対応しか返ってこない。相談どころか催促の繰り返しになるだけだ。

中には、キチンと相談に乗ってくれる業者もいるだろうが、たいていはせいぜい「何日後までに払ってくださいよ」と念を押されて終わりになる可能性が高い。

何度も繰り返すが、筆者も含め、貸金利用者の多くは借金を返したいと思っているものなのだ。だが、それがなかなかできない。返さないのではなく、返せないのだ。そして、それがいかにつらいこと、苦しいことかは、経験した者でないとなかなか理解できないのではなかろうか。

とにかく、たとえ何度電話をかけてこられても、睨まれても脅されても、払えないものは払えないのだ。

筆者は、いっそのこと留守電に「コラァ橋本、返せないなら腎臓売れや！」などと暴言を吹き込んでくれたり、あるいは、実際に取り立てにきて、「借りたモンも返せないのは人でなしだろうが！」とでも怒鳴りながら、筆者をボコボコにぶん殴ってくれないだろうか、などと思ってしまう。

そうすれば、貸金業法違反で債務がチャラになるからだ。

「借金」という言葉の不思議

筆者はかなり以前から、「借金」という言葉は特殊なものだという実感がある。なぜなら、「借」という漢字がついているとはいえ、ほかのものとはまったく性質が違うからだ。

まず、「借りる」といっても、タダで貸してくれるわけではない。友人からカメラを借りたり、図書館から本を借りたりすることとは違う。

むしろ、不動産管理会社からアパートを借りたり、レンタルショップからＣＤやＤＶＤを借りたりすることに近い。

ただ、それらに近いものの、まったく同種ではない。借金には、ほかのレンタルやリースとはまったく違う性質がある。

アパートにしろ、ＣＤやＤＶＤやレンタカーなどにしろ、借りたモノはそのままの形で業者に返すのが基本だ。

それに対して、借金は借りたままの形では返さない。というよりも、返すことができない。いうまでもなく、借りた現金は、使うために借りているためだ。

だから、借金においては「借りたモノ（カネ）」は借りてからしばらくすれば、跡形もなくなってしまうのが普通なのである。

カネは使わなければ何の意味もない。使って初めて、手にした者に何かを与えるのだ。借りた札ビラを大切にしまっておいて、1ヶ月後、その札に利息をつけて、「ありがとう。おかげで助かりました」などといって返す者はいない。

つまり、借金とはカネという「物質そのもの」を借りているわけではない。カネの価値という「形のないもの」を借りているのである。

だからこそ、「借金」という言葉は不思議なのだ。品物ならば、「返せ」といわれれば、自身にとって不都合であっても、すぐに返すことと自体は可能だ。

しかし、カネを借りた場合、まず間違いなくその借りたモノはなくなってしまうわけであるから、いきなり「返せ」といわれても、それはとても難しい。

こういうややこしいものであるから、何にせよ、できるだけ借金はしないほうがいいに決まっているのである。

「総量規制」の功罪

２０１０年６月、貸金業法改正に伴い、貸し付けの制限、いわゆる「総量規制」が施行された。

すなわち、ローン会社や消費者金融は、借り手の年収の３分の１までの金額までしか貸すことができないということになったのである。

この総量規制そのものは、とても正しいと思う。借金とは本来、返すことができる分だけ借りるのが基本だ。

筆者も経験があるが、返済能力を超えた借金というのは、いずれは必ず返済不能になる。カードローンやキャッシングのような高金利の借金は、ちょっと油断しただけで金利だけでも支払いが難しくなるケースが珍しくない。

そして、返せない借金というものは、苦しみしか生み出さない。

だから、「収入の３分の１の範囲でなければ貸しません」という方法は、まったく正しいことだと思う。

それでも、一部の規制反対派の国会議員などは、「借金を制限すれば庶民が困る」などと主張して、総量規制の見直しをするように働きかけている。

その根拠は、いざというときにカードローンも使えなければ、想定外の事態に対応できなくなるからというものだ。場合によっては、最低限の生活すらできなくなることもあるから、カードローンなどが使えるようにしておくべきだというのである。

この意見は、いかにももっともらしく聞こえる。しかし、少し考えればとんでもない間違いだと気づく。

なぜなら、これは借金問題ではなく貧困問題だからである。

そもそも、キチンと仕事をしているのに、「借金をしなければ最低限の生活もできない」というのは、それ自体が異常なことではないか。

そして、借金に頼るような生活を送っていれば、絶対に行き詰まる。このことは、筆者は経験的に、痛いほどよく知っている。

よく「やりくりすれば借金は返せる」などと主張する人がいるが、たいていの場合、イメージでものをいっているだけだ。

こうした人たちに限って、ろくにカネも借りたことがなければ、ローンやキャッシングについてなんの知識も経験もなかったりする。

実際には、借金ほど現実的で具体的な知識と情報が必要なものはない。「詳しくは分からないけれど、おそらくこんなところじゃないのか」では通用しない。そんな甘いものではないのである。

だから、繰り返すが、２０１０年に施行された総量規制は正しい。もしも、本当に低所得などで困っている庶民のことを考えるのであれば、自治体の社会福祉協議会などが窓口になって実施している、無利子、または低金利の公的な生活支援融資を充実させることに力を入れるべきである。

とはいえ、総量規制の実施の際に、まったく問題がなかったわけではない。

そしてそれは、制度そのものではなく、カード会社の取り立てのほうにあった。

制度施行当時、カード会社やローン会社は総量規制に引っかかった顧客がいると、ただちにキャッシング利用を停止したのだ。

それだけではない。一部の業者は、すでに貸している分について強引な取り立てを行った。

例えば、リボルビング払いを利用していると、通常は貸している金額に応じた金額がスライドされて請求される。つまり、貸付残高が10万円未満だと月額5000円、10万円以上20万円未満で1万円、20万円以上30万円未満なら月額1万5000円という具合だ。

ところが、たとえ残高が10万円を切っても毎月1万円ずつを請求するようなケースが見られた。5000円で済むと思っていた支払いが、1万円支払わなければならないというのは、キャッシングなどで生活費を補填している人にとっては一大事である。

「たかが月額5000円増えたくらいで」と思うかもしれないが、それは余裕のある人の考えだ。給料日まで日があるのに、財布の中には１５００円しかない。借金をしていると、筆者も含めそんなケースが少なくないのである。

しかも、通常の支払いについては、カード会社というのは客の希望を聞いてくれない可能性が高い。「返済にお困りの際には、ご相談に応じます」といった優しい文言をホームページには載せていたりするが、実際に返済に困れば、「いつまでに1万円を払ってもらえますか？」などと、事務的に電話口で繰り返すだけである。

結果、期日になっても1万円は払えない。すると、翌月には返済額が2万円になり、なおさら困難になる。そして、3ヶ月も経てばカード会社は容赦なく「滞納常習者」のレッテルを貼り、クレジットカードだったら、即座に退会させられる。何とも非情なことだ。

これが、「払える分だけでも払う」というやり方にできていれば、どれほど助かった人がいるか分からない。だが、そういうシステムのローン会社は、筆者が知る限りほとんどない。カード会社は、本当に頭が固いところが多いのだ。

こうした強引な「貸しはがし」で、返済不能に陥った人も多いことと思う。大手のいくつかのカード会社で業績が低迷しているというのも、利用者の事情を理解していないことが原因なのではないだろうか。

多重債務の恐ろしさ

最近では、前項でも触れた「総量規制」によって借金苦もかなり改善されてきたようだが、5年ほど前まではカード会社や消費者金融など、複数の貸金業者から多額の借金を重ねてしまう、いわゆる「多重債務」が社会問題として存在していた。なぜ、多重債務などという事態になってしまうのか。

これについては、筆者の経験からすれば、やはり業界の「貸し過ぎ」が最も大きな問題だったと思う。

人から聞いた話によると、ある大手新聞記者などは「頭のいかれた人が、手当たり次第に借金した」ことを多重債務だと真面目に思っていたというが、それこそ頭のいかれた話である。

それが本当ならば、自己破産のピークだった90年代末から2000年代初頭には、日本に何十万人もの「頭のいかれた人」がいたということになる。天下の○○新聞の記者様が、よくもそんな根拠のない憶測を、人前でペラペラと話せたものだ。

その話はさておき、一般庶民がカードローンやキャッシングで借りる金額といえば、せいぜい30万円から50万円である。カード会社や消費者金融は、1人の顧客に対してだいたい50万円を限度としているケースが多いのだ。

だが、生活費に困窮している状況では、50万円程度の現金はすぐになくなってしまう。家賃を払い、電気代やガス代などの公共料金を払い、国民健康保険料などの税金類を払ったら、それだけで20万円近くが消えてしまうのだ。

カードローンなどで借りるおカネは「いざというときのためのつなぎ資金」と思っていても、支払いをしてみるとまさに羽が生えたように飛んでいく。

このように、借金をすれば、一時的には窮地を切り抜けることはできる。しかし、その後には必ず「返済」が発生する。ただですら収入ギリギリなのに、さらに支払いが増えるというわけだ。

そして、そのうち返せないときが出てくる。だが、次の収入は生活費だけで精一杯。そうなると、また借金をするしかない。そして、また新しい支払いが増える。

こんなケースが4～5回続けば、最後のほうは「借金返済のための借金」になってしまう。

いや、正確には、「借金と利息を返済するための借金」である。返済のために借金をしているのだから、理屈上ではもう返済できない。

この時点で、すでに借金の総額は２００万円か３００万円か、あるいはそれ以上にまで膨れ上がっている。これは年収に近い金額か、それ以上だろう。

こうなると、利息のために返済不能となるケースが多い。

現在、カードローン等の利息は利息制限法という法律によって、年率20パーセント以下と定められている。実際には、銀行のカードローンから消費者金融まで、ほぼ年率18パーセント程度に設定されているケースがほとんどだ。

年率18パーセントの利息であれば、単純に計算すると、例えば100万円借りた場合、利息だけで年間18万円である。実際には日歩計算になるので端数が生じるが、だいたいそのくらいの金額だ。

これが、借金300万円の場合では、単純に3倍して年間54万円。月額に直すと4万5000円になる。

ローン会社や銀行などからの借金は、元本の分を返済して初めて「返した」ことになる。よって、利息だけ支払っていても、元本、つまり元の借金は減らない。そして、利息の金額も減ることはない。

だから、300万円の借金では、毎月4万5000円以下の支払いでは、何年払い続けても、たとえ何百年払い続けていたとしても、元の借金はまったく減らないことになる。

これがすなわち、返済不能という状態だ。

総額300万円以上の借金を背負っており、かつ月額4万5000円以上の支払い能力がない人は、その300万円を永久に返済できないということなのである。

ところが世の中には、借金を単に金額だけで判断したり、借金そのものを甘く見たりする意見が蔓延している。

「300万円くらいの借金はたいしたことない」「借金が返せないのは、努力が足りないからだ。どんな借金も、死ぬ気で努力すれば返せるはずだ」などという人は珍しくない。

しかし前述の通り、300万円の借金は、決して「たいしたことない」ものでも、「努力すればどうにか返せる」ものでもない。

むしろ努力で、例えば、休日なしで毎日遅くまで働けば収入が倍以上になるというのであれば、喜んで働く人が少なくないだろう。

しかし、そんなことは不可能であり、たとえがむしゃらに働いたとしても、たいして収入は上がらないだろう。実際、睡眠や食事の時間を削って働いているのに、日々の生活さえ楽にならないという人は山ほどいるのだ。

どんなに努力しても、借金は減らず、希望が見えない。それが、多重債務というものの恐ろしさであり、残酷さなのだ。

思い切って自己破産するのも1つの手立て

自己破産については、最近では過払い請求などがクローズアップされていたり、また、一時期に比べると、目新しさがなくなったのか、メディアなどで取り上げられる機会がめっきり減った。

しかし、依然として自己破産は債務整理の中でも最もポピュラーな手段だ。

これは、借金の整理方法としては最も簡単かつ効果的だからだろう。借金で悩んでいる人は、思い切って自己破産をしてしまうのも、1つの手段なのである。

そんな自己破産の、おおまかな手順を説明していこう。

まず、あらかじめ自分が借金している貸金業者、つまりカード会社やクレジット会社について、何社から借りているか、そして借金は総額でいくらになるか、この2点は確認しておかなければならない。

これは、破産手続きとして貸金業者に通知する必要があることと、借金の総額は破産の要件として不可欠だからである。

次に、「破産申立書」を入手する。これは20ページ程度あり、かなり枚数が多い。弁護士に依頼する場合には用意してくれるが、独自に入手するためには、各都道府県の裁判所まで出向く必要がある。

ただし、各都道府県によって様式や事情は異なるようだ。例えば、筆者の住む神奈川県の横浜地裁では、事情を話せば申立書一式を受け取ることができ、中立書だけでなく、必要な書類や封筒類などを記した注意書きも手渡してくれるし、簡単な説明もしてくれる。

一方、東京地裁は個人で窓口に出向いても完全に門前払いだ。本人申し立てをしたいといっても、「弁護士に依頼しなさい」の一点張り。

だから、もし本人申し立てで破産手続きをしたいと思っている都内在住の人は、埼玉や千葉、神奈川などの近県の地裁まで足を伸ばし、申し立てをすることになると思う。絶対に無理とはいえないが、東京地裁破産係の職員を、簡単に説得できるとは考えられない。

ともあれ、破産申立書を入手した後は、それに必要事項などを記入する。実は、この申立書の作成が、破産手続きで最も手間のかかる作業なのである。

しかし、逆にいえばこの破産申立書さえ終われば、破産手続きの9割程度が成功したようなものなのだ。

実はこの申し立て、つまり破産申立書が裁判所に受理された時点で、借り手にとって借金の問題はすでに99パーセントほど解決してしまっているのである。

借金に苦しむ者にとって何が苦しいかというと、まず毎月の支払い、そして貸金業者からの支払い催促である。

借金を返せなかったとしても、殺されるわけではないし、また、現在では昔のように強引な取り立てもない。

それでも、返済しなければならない借金が相当額が残っているということ自体の精神的な重圧感や心理的苦痛はかなりのものだ。これは、経験したものでなければ分からないだろう。

その心労によって、最悪の場合には自殺してしまうのである。

だが、債務者が破産を裁判所に申し立てれば、そのことがただちに裁判所から貸金業者各社へ通知される。その通知を受け取った時点で、業者は債権の回収を諦めてしまうので、もう催促されることはない。

この時点では、法律的にはまだ借金の返済義務は残っているのだが、実際には返済をストップしても、支払い催促の電話などを受けることはなくなるのだ。

要するに、裁判所に破産の申し立てをすれば、事実上、借金の苦しみからは解放されるわけである。

弁護士や裁判所などは「免責が認められて、ようやく債務の問題は解決する」という考え方だし、こうしたことは弁護士や司法書士などがあからさまにいえないので、市販の債務整理のガイドブックになどにも書かれていないが、借金に苦しんでいる者にとって、催促が止まることは実に重要なことだ。

その後、裁判所で「破産審尋」や「免責審尋」というものが行われ、これが無事に終わると、法的にもそれまで背負っていた借金から解放されたことになるのだ。

そんな自己破産についてのデメリットは、次項で詳述するが、ほとんどない。免責決定から7～10年程度、クレジットカードやローンの利用ができなくなることくらいである。

弁護士などが書いた自己破産手引書などは、破産によって制限を受ける事項がいろいろ並んでいるが、多くは法人破産の際に該当するものであり、個人の破産では関係ないものがほとんどなのである。

自己破産のデメリットと誤解・勘違い

自己破産という手続きを「合法的な借金の踏み倒し」などという人がいる。最近はあまり見かけなくなったが、2000年頃までは、自己破産をした人を「借金を返さない卑怯者」などと称し、インターネット上で個人情報などをさらしたりするケースがあった。

しかし、そんなことをしなくても、破産決定した者の個人情報はインターネット上で公開される。破産者に関する情報は、国が発行する日刊の機関紙『官報』に掲載され、直近のものならインターネット版の『官報』でも無料で閲覧（バックナンバーは有料となる）できるからだ。

このことから、「自分が破産したことが世間や知り合いにばれてしまう」と心配する人が少なくない。

確かに、破産決定した者は『官報』に記載され、インターネット上で公開されるが、それでもまったく心配はいらない。

なぜなら、『官報』から特定の人物の破産情報をピンポイントに取り出すことは、非常に困難だからである。

現在、ピークを過ぎたとはいっても年間約12万人が破産を申し立てている。ものすごく多い人数だ。したがって、毎日の『官報』に載る際も、数十人から百人という単位であり、それが細かい字でズラリと並ぶ。

それも、「ただ並べられているだけ」である。都道府県順などの分類もなく、ただただ「破産者一覧」という羅列があるだけなのだ。

そんな膨大な列記の中から、特定の知り合いを探し出すことなど至難の業である。もし、誰か任意の人物の破産情報を『官報』から拾いたければ、事前にその人物が破産申し立てをした事実をつかみ、新しい『官報』が出るたびにくまなくチェックするくらいはしなければなるまい。

実際に、『官報』をネットで見てみてほしい。そうすれば、「なるほど、無理だ」とすぐに思うだろう。

ただし、こうした『官報』に掲載された情報を有効に利用している人たちがいる。それが、ヤミ金などの違法業者たちだ。つまり、破産して正規の貸金業者から借入れができなくなった人たちを、違法業者たちがターゲットにしてくるのだ。

だから、免責が決定した後には、怪しげな貸金業者から続々とダイレクトメールが届くようになる。ときには、ヤミ金業者からと思われる電話までかかってくる。これは破産後のデメリットの1つといえるが、とにかく一切無視することが肝心だ。

自己破産のデメリットは、前項でも書いたように、このことと、ローンやクレジットカードが一定期間利用できなくなることくらいではないかと思う。ほかには、特に思いあたらない。

以前、「破産すると裁判所の許可なく引っ越しも旅行もできなくなるし、郵便も裁判官がチェックしてからでないと受け取れない」などと大真面目にいう人がいた。

誰から聞いたのか知らないが、こんなものはすべて勘違いである。

破産決定後はもちろん、破産申し立てをした段階でも旅行や出張については自由だし、裁判所の許可など必要ない。郵便も同様だ。

ただ、引っ越しは避けたほうがいいかもしれない。とはいえ、これも制限があるわけではなく、単に裁判所からの通知を受け取る都合上の話である。

また、「破産すると貸金業者から恨みを買うから嫌だ」とか、「業者さんに申し訳ない」という声も聞いたことがある。だが、その心配もしなくてよいと思う。

青木雄二氏が描いた大ヒットマンガ『ナニワ金融道』の最初のほうで、顧客が破産決定したという裁判所からの通知を受け取った金融業者たちが、「破産だと。チクショー」などと悔しがるシーンが出てくるが、現実には、こうはならないのではないかと思う。

なぜなら、貸金業者に通知が届くのは、顧客の破産が決定した段階ではないからだ。破産手続きを開始した時点で、「そちらがおカネを貸している誰それが、このほど破産の申し立てをすることになりました」という旨の通知が届くのである。つまり、もし「チクショー」となるならば、このときだろう。

なお、破産手続きが開始されてから、破産が決定し免責が認められるまで、最短でも2～3ヶ月ほどかかるのだが、貸した側には、異議申し立ての権利が認められている。すなわち、破産を申し立てたからといって、何ら手出しができないわけではない。自己破産は、「借金を踏み倒すぞ」という一方的な宣言ではないのだ。

しかし、実際には貸金業者が異議申し立てをしてくることはまずない。異議が認められる可能性が低いこともあろうが、何よりも、貸金業者は最初からある程度の貸し倒れはあるものだという前提で貸し付けているからである。

無担保でなんの保証もなく、場合によっては返済不能もあり得る。だからこそ法律ギリギリの高金利で貸し付けているのだ。

それに、貸金業者は会社組織であり、別に社員が身銭を切って客に貸しているわけではない。

客が破産手続きに入ったら、淡々と事務処理するだけである。むしろ、「返せないんだったら、さっさと破産してほしい」という資金業者までいるほどだ。

実際、筆者も消費者金融の元社員などに会って話を聞いたことがあるのだが、「破産通知が来たら腹が立ちますか？」と聞いたところ、全員が「いや、別に」と答えた。

また、クレジット会社からの催促の電話がかかってきた際、「どうしても返せない」と告げ、怒鳴られるかと思ったら、「それは仕方ないですね」といわれ、自己破産の手続きや、法テラスの利用まで勧められたという人もいる。

ともかく、自己破産は卑怯な真似でもなければ、まして不正なことでもなんでもないのだ。

友人や親戚から借りた善意のおカネを返せなくなったというならまだしも、ビジネスである貸金業では破産は想定内のもの。そのあたりは、当の業者のほうがよく分かっているこ となのである。

カネを貸してくれる人・貸してくれない人

「おカネを借りる」というのは、本当につらいことだ。おカネのないつらさだけでなく、借りなければならないつらさ、情けなさは、おそらくなかなか理解してもらえないだろう。また、ローン会社ではなく、知人や親類などからカネを借りるというのは、さらに激烈な精神的苦痛を伴う。

決して気楽に、軽い気持ちで「貸して」といっているわけではないのだ。ところで、当然ながら借金を申し込んだ際の相手の対応は、2種類に分かれる。貸してくれる人と、貸してくれない人だ。

貸してくれる人というのは、何をしてでも貸してくれる。収入や貯金などに関係なく、自分が生活に困っているような状況で、たとえ貯金がゼロで手元に1000円しかない場合でも、その1000円を必ず貸してくれるのである。

筆者はそれを知っているので、そうした人に借金を頼むときには、よくよく注意する。間違っても、気軽に連絡などは絶対にしない。

反対に、おカネを貸してくれない人というのは、何がどうなろうと絶対に貸してはくれない。たとえどんなに高収入であっても、1円だって貸してはくれないのだ。

この手の「貸してくれない人」の対応は決まっている。例えば、「10万円貸してください」と頼んだとしよう。こんな返答が返ってくる。

「そんな大金は貸すことはできない」

もっともな答えである。だが、今度は「1000円貸してください」と頼んだとする。その程度の金額ならば簡単に貸してくれると思うのは大間違いで、絶対に貸してはくれない。

「1000円くらいなら、自分で何とかしろ」

確かに、普通なら、1000円程度はどうにかなりそうな感じがする。蔵書を古書店に売るとか、家の中の不用品をリサイクルショップに持っていくとか、あるいは家中をくまなく探し回れば1000円くらいは集まりそうだ。

しかし、それはあくまで普通の人の感覚だ。貧乏暮らしをしていると、1000円どころか500円でも、本当にない場合があるのだ。

そんな状況だと、すでに本などのカネになるものは売ってしまっているし、雑貨や日用品などをすぐに換金できるはずもない。

洋服や家具の類は、まず無理だ。家電も同様で、古くなったものは値段がつかないことは珍しくない。

そもそも、家財道具がなくなったら生活そのものに支障が出る。1000円は必要でも、ほかのすべてがどうなってもいいから、1000円が手に入ればいいというものではないのだ。

だからこそ、頭を下げて貸してもらえるよう頼んでいるのである。

しかし、そんなことを力説しても、カネを貸してくれない人には響かない。たとえ、手元に何百万円という使い道のない有り余った現金があるとしても、1円も貸してはくれない人というのは現実にいくらでもいるし、実際にそういう人たちに何度も会っている。

とはいえ、一応断っておくが、筆者はそういう人たちを非難したり、恨んだりする気はまるでない。

まして、そのことでそういう人たちの人格をどうこういうつもりもない。自分のおカネをどう使おうとその人の自由だし、価値観や世界観は人それぞれだからだ。

ただ、世の中にはいろいろな価値観を持つ人がいるということをよく理解しておかなければ、いろいろと困ることになりかねない。

要するに、そういうことを理解せず、絶対に貸してくれない人に頭を下げ、「絶対に無理」だといわれる行為は、絶望をさらに深めるに過ぎないということだ。

「ブラックリスト」と「ブラック情報」

借金のことを話題にすると、よく出てくる話題の1つに「ブラックリスト」がある。「ブラック」とは、金融関係のなんらかの事故など、例えば滞納などの債務不履行や、自己破産などの債務整理の情報を指すものと考えればいい。

要するに、「貸したカネを返さなかったことについての情報」というのが、「ブラック情報」と呼ばれるもののことである。

そうした情報をまとめたものとして、「ブラックリスト」なる名簿のようなものがあり、貸金業者などが常に携えていると考えている人が少なからずいるようだ。「借金が返せないとブラックリストに載る」などと、ごく当たり前のようにいう向きも多い。

しかし実際には、そのような名簿や冊子のような形態でのブラックリストというものは、どこにもないのである。

このようにいうと、「最近では、データ化してパソコンなどにファイルとして保管してあるのだろう」などと反論されるかもしれないが、それも違う。

もともと、そういう情報をまとめたものなど、どこにもないのだ。

前述の通り、俗に「ブラック情報」と呼ばれるものは確かにある。だが、「ブラックリスト」は存在しない。このことを分かりやすく考えるためには、学校の成績表のようなものをイメージしてほしい。

その表には、クラス全員の名前が順番に列記されている。そして、1人1人の成績が、A（良い）〜D（悪い）評価で記入されている。例えば、「鈴木：A」「田中：B」「橋本：D」といった具合だ。

現実の信用情報も、形態としてはこれとほぼ同じである。つまり、ブラック情報だけを抽出して、特に別個にまとめてあるわけではないのだ。

信用情報機関に保存されている「リスト」には、貸し出し実績のある人についてズラリと並んでおり、キチンと返済できていて何の問題もない人もいれば、筆者のように返済が滞り、「こいつは返済能力に問題がある」とみなされている人の情報、すなわちブラック情報もあるというわけだ。

要するに、分ける必要がないのである。

氏名や住所などの情報で検索すれば、その人にカネを貸しても大丈夫か、問題があるかということは一発で分かる。むしろ、わざわざブラックリストなどを作ったほうが、余計な手間がかかるというものだ。

ところで、一口にブラック情報といってもいろいろな種類があり、種類によってペナルティもそれぞれ異なる。

例えば、自己破産した場合には、７年程度は新規のローン借入やクレジットカード入会はできない。滞納した場合には、全額返済して１年以上経たないと新たな借入はできないなどという具合だ。

こうしたブラック情報は、いくつかある信用情報機関が所有していて、しかも現在では相互に情報のやり取りもしているようだ。

かつてはブラック情報などというと、かなり特殊な、庶民にはほとんど関係のないようなものだっただろう。しかし、現在のように貧困がドンドン拡大し、ローンやキャッシングの滞納などが増えている状況では、ブラックになってしまう人もかなりの数になるのではなかろうか。

個人の信用情報は非公開なので、どれくらいのブラック情報が蓄積されているのか、筆者には分からない。だが、もし公になったら、その数は世間が大騒ぎになるほどのものだとさえ思える。

「アメリカでは……」なんて話をして何になる

借金や債務整理について、あれこれと語る弁護士やコンサルタントは少なくない。だが、そうした講釈の多くが、実際に何の役にも立たないどころか、励みや慰めにもならないケースが少なくない。

例えば、ずっと以前、やはり弁護士だか評論家だかが書いた借金についての本に、こんなことが書かれていたのを覚えている。

「アメリカなどでは、自己破産して再起する人は『ガッツがある』と見られています」

その弁護士は、日本ではまだまだ自己破産の申し立てに対して尻込みするような人が多いので、もっと積極的に申し立てするように発破をかけるつもりでこう書いたのかも知れない。

そのように考えれば、意図は分からなくはない。だが、実際に困窮している者の感覚で申し上げるなら、こんないい方ではまったく共感できない。少しも心に響いてこないのだ。

貧乏に苦しんでいる者、借金の支払いに困っている者にとって、関心があるのは今現在の自分自身の状況のみである。何年先にどうなるとか、ほかの人がどうだとか、よその土地でどうだとかは、まったく関係ない。

まして、「アメリカでは……」などという話を聞かされても、何の興味も湧かないし、説得力もまったくない。

実際、「アメリカでは自己破産するヤツはガッツがあると思われるのか。よし、それなら俺も破産の申し立てをしよう」などと考える人間が出てくるとは到底思えない。

もし、自己破産が個人の生活再建に有効であることを知らせたいのであれば、その効果を具体的に、分かりやすく説明し続けるしかないと思う。

これだけ自己破産が「身近」になっても、まだイメージだけで破産申し立てを躊躇する人が大勢いることは事実だ。

しかし、だからといって、よく分からない理由を挙げて自己破産を勧めても仕方がないだろう。

繰り返しになるが、生活習慣や価値観がまったく違う外国の例を出しても、まったく心は動かされないと、筆者は強く感じる。

借金と身内

借金問題を解決する際の心得として、多くの専門家が口にするのが「借金のことを身内に打ち明けましょう」ということだ。

弁護士も、自治体の消費生活課の職員も、民間の相談員も、皆が異口同音に「1人で抱え込んで悩むことはありません。借金は恥ずかしいことではないのです。だから、ご家族や近い親類には話しなさい」という。

これは正論だ。もっともな話である。だが、この「身内に話す」ということが、しばしば勘違いのもととなる。

確かに、債務整理をする場合に、家族などに借金があることを話しておくことは大切だ。自分だけで借金のことを抱え込んでしまうと、結果として、ドンドン泥沼にはまってしまうからである。

こういうケースは実に多い。だから、精神的に閉じこもらないためにも、家計を共にする家族には、債務の事情を打ち明けておいたほうがいいのである。

だが、ここで勘違いしてはならないことは、借金について「告白」するのであって、「相談」するのではない。身内に借金の相談をしても、解決することはまずないと考えて間違いないからだ。

なぜなら、借金の問題を解決するためには、それなりの知識や経験が必要なのである。例えば、親が相当な資産家で借金を肩代わりしてくれるとか、親類に債務整理の知識や経験がある者がいるとか、そういう場合なら十分に相談する価値があるだろう。

一方、借金に慣れていない者、ろくに借金などしたことのない者に、借金のことなど相談しても、たいていは驚いて感情的になるか、憶測を巡らせて見当違いの意見を連発するのが関の山である。

借金の解決方法は返済だけだと思っていたり、いったん借りたカネは何が何でも返すしかないと思っている人は大変多く、債務整理などについて説明しても、聞いたことのない言葉にポカンとする人も少なくない。

また、聞きかじりの中途半端な知識がある人はより厄介だ。任意整理とか自己破産とかという言葉を耳にしたとたん、「そんなクズみたいな真似ができるか！」などと怒り出すこともある。まるで、債務整理というものを、人の道に外れた所業か何かだと思っているかのようなのだ。

いうまでもなく、自己破産などの債務整理は、法の網を潜り抜けるような裏ワザでもなければ、人の道に外れた行為でもない。法律とルールに基づいた、正式な方法である。

ところが、借金のことをまるで知らない、知ろうともしないような人たちというのは、

「返す」「返済する」ということしか頭にないので、とにかく話にならない。

「借金がある」と打ち明けても、聞いてくるのは、借金の総額がいくらかということくらいだ。そして、借金の額を耳にした後の一言も、「何だ、その程度か」、あるいは、「そんなにあるのか」のどちらかである。

しかし、借金について解決しようとするならば、その内容を詳しく理解しなければならない。

借金の内容とはつまり、カードローンやキャッシングなのか、あるいは住宅ローンなのかなどということ。加えて、何社から借りているのかということや、金利なども非常に重要だ。

まずはそういった詳細を把握しなければ、解決への道は開けない。借金の総額を聞いただけでは、借金のことなど何も分かっていないのと同じなのだ。

さらに、「相談」ではなく、単なる「告白」でさえ、必ずしも事がいい方向に進むとは限らない。場合によってはまったく無駄、百害あって一利なしというケースもあるのだ。

例えば、実家の両親や離れて住む兄弟などに借金のことを「話した」だけで、彼らはとまどい、あるいは怒り出したりして、「夜や休日にアルバイトしろ！」とか、「奥さんがパートに出て、その給料を返済に回せ！」などといってきたりする。

両親の場合には、特に気をつけたほうがいい。なぜ借金ができたのかを詳しく聞きもせず、借金があるという事実を頭ごなしに叱責したうえ、「だからお前はダメなんだ」などと、人格まで否定するようなことを自分の子どもに平気でいったりする。

ただでさえ借金返済で精神的にボロボロになっているのに、親からさらに追い討ちをかけられるのだ。

かくいう筆者も、似たような経験をした。以前、実家の母親に自らの借金について話したところ、やはりさんざん罵倒された挙げ句、空いている時間にアルバイトしろと指図してきたのである。

だが、すでに筆者は夜勤で働いていた。これ以上、どこに空いている時間があるというのか。筆者が「これはダメだ」とすぐに悟ったのはいうまでもない。

金利や毎月の支払い金額が分かっていないのに、アルバイトだのパートだのといわれても、何の解決にもならない。そんな話を始める人たちと話が噛み合うわけがないのだ。

下手をすると、口論やケンカになり人間関係が悪くなってしまう。何の解決にもならないだけでなく、さらなる災いのもとになりかねないのである。

とにかく、借金のことを打ち明ける場合には、同居している、生活を共にしているごく近い親族だけにするべきだ。具体的には、配偶者がいる場合はそれだけにしておくべきだと思う。

直接関係のない人間には、たとえ身内であっても話すべきではない。というより、話しても意味がない。いくら両親や兄弟でも、トンチンカンなことしかいわないのなら、一言も喋らないほうが良いに決まっている。

まして、返済不能に陥っていて、自己破産を決めたような場合は、もはや解決したようなものなので、なおさら肉親に説明する必要などない。裁判所や弁護士からの郵便物も、適当にごまかしてしまえばいいのだ。

話さなければ、自分が破産したことなど誰にも分からないし、何より、無理解な肉親に「破産した」などといっても、嘆かれたりなじられたりするだけだからだ。

第3章
ビンボーライター、物申す！

「原稿料はゼロ」のビジネス誌

かつてビジネス関連の書籍や雑誌は、手堅いジャンルの1つであった。

サラリーマンが、通勤時や休み時間などに読むものとして、経済入門書や経営ハウツー関連の出版物を出せばそこそこ売れるものだった。

さらに、より経営実務に特化した資料集は、1冊の価格が数千円から数万円という高額で刊行されていたが、これもまた発行されればある程度の部数が売れていた。

ただ、これらは個人が買うというより企業や団体が購入するケースがほとんどで、経営戦略とか人材開発といった名目で予算が付けられていたために、こういう高額出版物も売れていたのだ。企業が予算消化のために買っていたというケースも、おそらく少なくなかったと思う。

ところが、ここ10年くらいで、その種の雑誌や書籍の売れ行きが急激に落ち込んでいった。

不況に加えて、そうしたビジネス関連出版物の売り上げを支えていた団塊の世代が定年を迎え、退職していったことが一因ともいわれている。また、企業もそうした学習や研究に費やす経費をドンドン削減していった。

ともかく、現在ではビジネス関連の雑誌や書籍は、以前に比べてガタガタの状態なのだ。

実は筆者も、この手の書籍からライター業をスタートした1人である。それゆえ、この20年でどれほど悲惨な状況になったかはよく知っている。

実際、すでに筆者は、10年以上前からこうしたビジネス関連の雑誌などでは仕事をしていない。そもそも、ライターに依頼するような仕事がなくなってしまったようだ。ただ、仕事はなくとも、年に何回かはそうしたビジネス関係の編集者に会いに行く。何かしらのネタになるような話を聞くことができるかもしれないからだ。

その中のあるビジネス誌の編集部では、もう何年も前から「原稿料はゼロ」という状態だという。

しかし、これは別に、原稿料を踏み倒しているわけでも、強引にタダで原稿を書かせているわけでもない。

企業に長年勤めている会社員の中には、自身の業務の傍ら、勉強した知識などを論文にして雑誌に投稿したり、研修会で発表したりする人が結構いる。そうした人の中から、大学などの講師に招かれたり、コンサルタントとして独立したりするケースも少なくない。

そういう人たちに、原稿料はないということを納得してもらったうえで、執筆の依頼をするというわけだ。

こうした方法はかなり以前からあるが、最近では、販売部数と広告出稿の落ち込みから原稿料すら支払えないという状況なのだそうだ。だからこそ、原稿料を支払わなければならないライターへ対する依頼は、したくともできないというわけである。

こうしたケースは、ほかにもいくつもあるとのことだった。さらに、別のある編集長は、本業だけでは住宅ローンが支払えないので、副業をやっているといっていた。

こういう状況で、ライターが仕事などもらえるはずもない。以前のように、知り合いの編集者のところに日参して、ゴネたり頼んだりすれば少しばかりでも仕事がもらえる、という時代ではなくなってしまった。

編集者ですら、食うのに必死というご時世である。何とも、凄まじい時代になったものだ。

酷いタダ働き

出版の仕事をしていると、報酬を伴わない、いわゆるタダ働きをすることは少なくない。

とはいえ、誤解なきように申し上げておくが、筆者は「何でもかんでもとにかくカネをよこせ」と主張するつもりなどない。

例えば、筆者もごく稀にではあるが、取材を受けることがある。そうした場合、出版社や媒体によっては謝礼をくれることもあり、まったくの無償のこともある。いただける場合にはもちろんありがたく受け取るが、基本的に取材を受けることに関しては、報酬は発生しないものと考えている。だから、こういう場合はタダ働きだとは思わない。むしろ、筆者ごときの役に立たない駄弁をお聞きいただいて、恐縮するばかりである。

また、原稿を書く場合のタダ働きについても、良識ある多くの編集者諸氏は、まず無理難題はいいつけてこない。せいぜい、400〜800字程度の、書評とかコラムとかコメント原稿などを、「原稿料は出ないけれど、書いてもらえないだろうか」と頼んでくる程度だ。

そのくらいならば、だいたい1時間もあれば終わるので、日頃お世話になり、さらに迷惑ばかりかけているわが身であるので、快く引き受けるようにしている。

ところが最近、あまりにひどいタダ働きをさせられたことがある。某編集プロダクションに勤める、薄い付き合いのある編集者からの依頼だった。

仕事の内容は、ある種の公共施設をいくつも紹介するという単行本の執筆だった。掲載する施設が多いため、何人ものライターで分担するという。

原稿料は、1本あたり1500〜2000円という、とんでもなく安いものだったが、施設のホームページなどを見ながら書ける内容だったうえに、文字数もそれほど多くはない。赤字にはならなそうだったし、今後の関係もあると思って引き受けることにした。

ところが、実際は仕事の内容はこれだけではなかった。

「各施設を回って、資料と写真をもらってください。写真がない場合には、撮影してきてください。交通費は出しますから」

その話を聞き、最初、筆者は「何のことだ？」と思った。説明の意味が、よく分からなかったのだ。

「交通費は出す」というのは、それ以外の経費は出ないということか。とても嫌な予感がした。

そして、予感は的中した。つまり、交通費は出すが、取材と撮影をすべて無報酬でやれというのである。

筆者が担当することになった施設は、都内や近郊にかなり分散しているので、回るだけでかなりの手間がかかる。

さらに、撮影についても「業務の様子が分かるようなもの」などの条件があるため、1日に、せいぜい2ヶ所程度にしか行けないことが分かった。

すべての施設への訪問と撮影で、どんなに効率良くやったとしても、最短で5日間はかかる。しかも、移動距離などから考えて、毎日早朝から夕方までという長い時間が必要だ。

要するに、まずはタダで5日間駆けずり回れということだ。その後、原稿を書けばようやくカネがもらえるが、すべての原稿を書いても、トータルで1万2000円程度にしかならない。

タダ働きの5日間にこの原稿料を割り振っても、日給にして2400円、時給ならば300円以下である。

結局、筆者は「無理です」と編集プロダクションに連絡し、近くにある1ヶ所だけの取材と撮影、そして原稿執筆をすることにさせてもらった。

それにしても、取材や撮影がどれほど大変なものか、プロの編集者なら知っているはずだ。

それを、「交通費は払いますから」などといい、堂々とタダ働きを要求してくる神経が、まったく理解できない。もしかしたら、それほど業界は厳しいということなのであろうか。

いずれにせよ、とんでもない話であった。

信用できない「人権派」たち

何かというと「人権、人権」と言葉にする人を、筆者はあまり信用していない。

とはいえ、もちろん全員が全員、いい加減なことをいっているわけではない。よく話を聞いてみると、中には、「なるほど人権というものを、この人は経験的に、具体的によく理解している。信用できる」という人もいる。

ただやはり、「この人は、ジンケンという言葉の響きが好きなだけだな」という手合いが少なくないのだ。

筆者の知り合いのライターやジャーナリストの中にも、口を開けば「人権を尊重すべきだ」とか「あの会社は人権を無視している。ブラック企業だ」といった意見を連発する人が何人もいる。

いうまでもなく、人権は守られなくてはならないものだ。だから、そうした「人権派」たちのいうことは、基本的に言葉のうえでは正しい。間違ってはいない。

ただし、彼らは「人権」というものを、いったいどの程度、現実的に理解しているのか、しばしば疑問に思うことが少なくない。

例えば、ある日、同業者数名で食事をしていたときのこと。筆者が貧乏であることを話題にしたとたん、1人のライター氏がいった。

「それなら、ライター辞めれば？」

そのライター氏は「人権派」として数々の仕事をしている人物で、トヨタ自動車やキヤノン、その他企業の雇用形態に関する問題点についての記事なども執筆している。

筆者は彼の言葉にまずとまどい、それから「どういうことですか？」と彼に聞いた。するると、彼は涼しい顔をして、ニヤニヤ笑いながらいった。

「食えないんだったら、辞めてほかに仕事をすればいい。それだけのことでしょう」

このときの、彼のふてぶてしいというか、まるで虫ケラでも見下ろすような態度は、何年も経った今でも忘れられない。

筆者も、できることならもっと収入の安定した仕事に転職したいと常に願っている。だが、長引く不況でそう簡単に転職などできないのが現状である。

このことは、何も筆者だけの話ではない。世間には膨大な数の転職希望者が存在している。

その中には、職場や雇用、待遇などに対して不満を持っている人、あるいは不当に扱われている人、そして、働いても暮らし向きが良くならない、いわゆる「ワーキング・プア」と呼ばれる人も少なくない。

しかし、「そんな職場はさっさと辞めて、転職してしまえばいい」などと簡単にはいえない。いえるわけがない。辞めたからといって、すぐに条件の整った会社への転職ができる保証はなく、それどころか、この不況でそれができる可能性はむしろ低いからだ。

にもかかわらず、彼はいとも簡単に「生活が苦しいなら、今の仕事を辞めろよ」などと笑いながらいった。

いかに企業などの悪行を暴いたからといって、こんな人物の正義感や良識を、筆者は到底信用できない。

いったいこのライター氏は、本当に企業の実態を直接取材しているのだろうか。

そして後日、ある編集者からそのライター氏のことを聞いて、なるほどと思った。

「彼は、自力で取材なんてほとんどしませんよ。別のジャーナリストや、編集者が集めてきた材料を、ただ器用にこね回して、手早く原稿にするんですよ」

ライター氏は、原稿を書くのが早いので、編集者たちから重宝がられているのだそうだ。そして、編集者はこうもいった。

「それに彼、ネタの目のつけどころがうまいんだよ」

すなわち、彼は自ら問題提起したり、社会的な意義からテーマを見つけて、記事を書いているわけではなかった。

ただ、読者が食いつきそうな題材について、片っ端から書き殴っていただけだったのだ。

どうりで、筆者がライター氏に対し、彼が書いた記事について質問したとき、「えっ、何の話？」とすぐに分からなかったはずだ。

ただ、カネのために書き飛ばしただけのものを、いちいち覚えているはずはない。ましてや、そんな彼にとって、記事にもならない筆者の窮状など、極めてどうでもよいことであろう。

こういうことを経験しているので、「人権派」といわれる人物を筆者はなかなか信じられないのである。

景気が良くなっても貧乏がなくならない現在のシステム

貧乏について語るときに、よく引き合いに出される言葉に「景気」がある。「景気が良くなれば、庶民の生活も少しは楽になるのに……」などという意見は頻繁に聞かれるし、そう信じている人たちも多いことだろう。

だが、これは本当だろうか。景気が良くなると、本当に庶民の暮らし向きも良くなっていくのだろうか。

筆者としては、残念ながら首をかしげざるを得ない。

確かに、昔は景気が上向きになれば、つまり、経済活動が活発になって企業の売上げや利益が増加すれば、それによってサラリーマンの給料やボーナスも増え、関連業者の収入も上がり、社会全体に恩恵が行き渡るという好ましい状況になった。

ところが、近年になって状況は一変した。

バブル経済崩壊後は、大企業から中小企業まで、人件費を削減して会社の利益を底上げする傾向が一気に進んでしまった。

さらに、それまでは、よほどのことがない限りクビになることはなかった日本のサラリーマンが、何かの拍子に解雇されることが珍しくなくなった。本来、「再構築」を意味する言葉の略語「リストラ」（restructure）も、近頃では「解雇」という意味で完全に定着してしまっている。

また、森・小泉政権時代にはさまざまな規制緩和が進められたが、特に派遣労働が多くの業種で認められてしまったために、企業が必要なときに必要な分だけ労働力を、まるでモノでも購入するように調達するケースが激増した。

多くの企業は、労働力が足りなくなれば派遣という雇用形態によってその場限りの補充を行い、必要がなくなったらすぐに切り捨てるようになった。

派遣という形態は、一見すると自分の都合が良いときに自由に働いてその日のうちに現金を手にすることができる、便利な労働スタイルのようにも見える。

だが、実際には安い賃金で不定期にしか働けないため、収入が不安定になりがちで、しかも労働時間はかなり拘束されてしまう。その結果、生活にも窮するような派遣労働者が多数現れた。

加えて、こうした傾向は派遣などの非正規労働者だけのことではない。正規雇用のサラリーマンの待遇も、決して良いとはいえなくなった。

人件費を企業の都合だけで調整するシステムを多くの企業が取り入れ、企業の業績や利益に関係なく、賃金を払うようになったからだ。これはつまり、たとえ十分な利益が出ても、それを労働者に還元しないということにほかならない。

実際、ここ20年間、「数字」だけ見れば景気が良くなった時期は何度もあった。にもかかわらず、サラリーマンの給与やボーナスが、その「数字」に比例して向上したかというと、そうとはいえないケースが少なくない。

つまり、景気が良くなっても、労働者の給与やボーナスが上がるわけではなくなっているのだ。

それどころか、とんでもないことも現実に起きている。それは先に挙げたように、リストラと称して従業員のクビ切りを繰り返しては、それによる経費削減で「数字」を押し上げる傾向があるという状況である。

これはつまり、売り上げや生産性向上ではなく、「リストラによって作られた景気」であるという可能性も十分に考えられるということだ。

いくらでも合理化できる派遣雇用を使い、さらに正社員の待遇も犠牲にして、そうやって絞り出された利益によって作り出されたのが、最近の「好景気」というわけである。

すなわち、以前のように経済全体が活性化し、企業の売り上げが上がることで給与やボーナスも増えるという意味での「好景気」は、もはや存在しない。現在の好景気とは、働く人々に支払うべき利益を削り取って、それを企業の利益にした結果で作られたものなのだ。

極端な表現をするならば、景気が良くなれば良くなるほど、働く人たちがより多く犠牲になっているとさえいえる。

政府やマスコミは、現在の深刻な状況を改善するという意味合いで、「景気対策」などと何度も繰り返す。

だが、景気というものが働く人々の犠牲の上に成り立っている今日の状況を何とかしなければ、これから先、いかに「景気が良く」なったとしても、庶民の生活が改善し向上することなどないだろう。

現在の日本に真に必要なのは、単に経済上の数字を押し上げる景気対策ではなく、雇用と福祉を改善させる政策なのではなかろうかと、筆者は切実に考える。

「貧乏だからこそ良いこともある」は本当か？

貧乏というものを話題にすると、しばしば誰かが口にするのが、「貧乏も悪いことばかりではないでしょう」とか「貧乏でも良いことがあるだろう」といった意見である。

しかし、これはまったくの間違いだ。

結論からいえば、貧乏で良いことなどない。悪いことばかりである。

そもそも「貧乏でもいいことあるよね～」などとニヤニヤ笑いながら話しかけてくるのは、ほぼ例外なく貧乏とは無縁、無関係の人たち、すなわち、定期的にそれなりの収入があり、経済的に継続的な問題も抱えていない人たちだ。

少なくとも、生活が苦しく常に不安と悩みで頭を抱えている筆者のような者は、そんなセリフは間違っても口から出てこないし、同じような境遇の人々からいわれたこともない。

そもそも、困窮している者は、そんなことを思いつく余裕もない。

たまに「貧乏によって家族の絆が深まった」などというセリフを吐くテレビ番組などがある。そういうフレーズやシーンを目にするたびに、筆者は怒りでテレビを蹴り倒したくなる。

そして、そんなフレーズやナレーションは、貧乏などまったく関係ない生活をしている高給取りのディレクターあたりがとってつけたのだろうと、勝手に決めつけたりしてしまう。

たとえ、貧乏が原因で家族の交流が密接になったとしても、それは結果論でしかない。むしろ、貧乏ゆえに家庭での空気がギスギスして、かえって家族間の関係が悪くなることのほうが多いだろう。

どう考えても、貧乏で良いわけなどあるはずはない。

例えば、「不治の病になったから親戚や知人が優しくしてくれるようになった」というような状況があったとしても、その病気に感謝する者がいるだろうか。それとまったく同じである。

もし、貧乏が良いことならば、誰も努力なんてしなくなるだろう。貧乏はつらく苦しいものなのだ。

実際、連日のように、「いっそ死んでしまえば楽になる」などと考えたりするほどである。

だから、貧乏を楽しめたりもできるはずがない。もし、貧乏を楽しむなどということがあるのなら、それは貧乏生活をしている当事者のことではない。貧乏に苦しむ人々を見て喜んでいる、生活にゆとりのある人々のことだろう。

テレビで貧乏人を見て楽しめるのも、「うちはこの家庭と比べてこんなに裕福だ」と安心できるからではないだろうか。

ただし、もちろん筆者は、生活が楽しくなるよう、楽しみを見つけるよう頑張っている。

例えば、家族での食事の時間や、家族でたまに買い物に出かけたりすることなどである。質素な食事でも、家族がそろって和やかに食べれば美味しく楽しい。

このような状況を作れるよう、筆者は努力する。食事の場で、夫または父親が食事のことで文句ばかりいうのは家庭にとって不幸の原因であることを、筆者は経験的に知っている。筆者の父親が、そういう者だった。だから、筆者はそんなバカな真似だけはするまいと心に誓っている。

買い物にしても同じだ。量販店の店頭で家電製品などを見ても、まず手が出ない。しかし、そこで筆者が「無理だ。カネがない」と不機嫌にいって素通りしてしまっては、それこそ夢も希望もない。

よって、「よし、頑張って冷蔵庫を買い換えられるようにしよう。それがダメでも、電子レンジくらいは近々新しいのを買おう」。そういいながら、陳列されている新製品を家族で見て歩くのだ。

だが、それが何年も実現できないでいる。

筆者は、笑顔を作りながら、心の底では自らの不甲斐なさに血の涙を流しながら号泣している。

どうしたら貧乏から抜け出すことができるのか。そればかりを、毎日考え続けているのだ。

こうした現実から考えれば、何か良いことがあった場合の満足感は、普段から裕福であるよりも、貧乏生活をしているほうが大きいかもしれない。

しかし、それを「貧乏も悪いことばかりではない」などというのは、やはり間違っていると思うのである。

窮状を話すと罵倒される

生活が苦しいとか、仕事がうまくいかないといった身の上を話すと、真っ先に筆者に浴びせられるのは非難と罵倒である。「そんなのは言い訳だ」「努力が足りない」「もっと大変な境遇の人はいくらでもいる」などなど。

これが、ツイッターでつぶやいた際などに、筆者と面識も何もない、こちらの状況など何も知らない人たちから受けるものであれば、苦笑して済ますこともできる。

ところが、筆者とそれなりに付き合いがあり、当方の状況と出版業界のことを知っている同業者たちからも同じような、いや、さらに激しい言葉を浴びせかけられたりするからたまらない。

「お前はまだマシだ」とか「正社員の編集者だって厳しいんだ」とか、「甘ったれるな」などという類だ。

フリーランスだけでなく、出版関係はどこもかしこも、誰も同じように厳しい状況なのは筆者もよく分かっている。大勢の人たちが、やはり血のにじむような苦労をしているのもよく知っている。

だからといって、筆者が自らの境遇を少し愚痴交じりにつぶやいただけで、なぜ非難され罵倒されなくてはならないのだろうか。

また、「お前の場合、夜勤といってもたかが夜中から明け方まで4時間ではないか。もっと稼ぎたければ、もっと長く働けばいいだけだろう」と指摘されることもある。

確かにその通りだ。筆者の夜勤は1回の勤務時間が4時間。時給にして1000円ちょっと。深夜手当を入れても、1日あたりの給与は5000円弱。休みをほとんど取らず働いたと仮定しても、月給にして12万円程度が限界だ。

しかし、当然自分の都合で勤務時間を延ばすことはできない。

筆者の勤める工場には、23時から翌朝の6時まで7時間勤務できる部署があるが、この部署は現在の部署に比べ、体力も必要だし神経も使う作業が伴う。やすやすとは部署移動できないのだ。

しかも、近年の不況のため、会社側が雇用調整を行い、労働時間が短縮されることが少なくなく、労働日数も、1週間に6日までが上限と定められている。そのうえ、これまた雇用調整で勤務日数が抑えられてしまうこともしばしばである。

それに、こうした調整がなかったとしても、深夜に体力を使う現場で働くのは限界がある。無理をすれば、必ず勤務が困難になる。そういう現場で、筆者は働いているのだ。

つまり、どんなに頑張っても、現在の夜勤では稼ぐことのできる上限はだいたい決まってしまっているのだ。

そのように説明しても結局、「やっぱり言い訳だ」となり、「努力すれば何とかなるはずだ」とか「根性がない」などと、抽象的な精神論を投げかけられる。

こうなると、もう筆者には何もいうことはできない。精神論に対して、どう反論しても無駄だからである。

だが、根性があれば何でもできるなら、誰も苦労しない。

また、「お前はまだマシだ」という比較論も困る。それはまるで、風邪で寝込んでいる人に「インフルエンザの人はもっと大変だ」というようなものであり、インフルエンザの人には「ガンにかかっている人に比べたら軽い」というに等しい。

困っている人、苦しい境遇の人たちを比較することに、いったい何の意味があるのだろうか。

生活苦で自殺する本当の理由

借金苦や生活苦から生まれる悲劇にはいろいろなものが挙げられるだろうが、筆者が真っ先に思いつくのは、やはり貧困を思いつめての自殺である。

貧しさや収入減を理由に、あるいはきっかけとして、自殺してしまう人々が現在の日本では後を絶たない。

しかし、そうしたことが起きるたびに、亡くなった人を悲しむ一方で、あるいは同時に、こんな意見が出てくることがある。

それは、「いくらカネがないからといって死ぬことはないだろう」「借金なんてどうにかなるのに」「もう少し頑張ればよかったんじゃないか」「カネのために自殺するのはおかしい」などというものだ。

こうした考えは、確かにもっともである。

筆者も同じように考える。たかがカネのために命を捨てることはない。仕事や収入がなくなったとしても、努力や工夫で何とか生きていくことはできると思う。

さらに、借金に困っても手段がないわけではなく、例えばローンやキャッシングの返済ができなくなったとしても、すぐに深刻な事態になることはない。

カード会社や消費者金融も、事情を話せば返済を一時的に延ばしてくれたり、返済金額を減らしてくれたりするケースがある。

それでも、いよいよ返すことが困難となれば、自己破産などの債務整理の手立てをとればいい。別の項（１３５ページ参照）でも取り上げているが、実のところ、自己破産のデメリットはとても少ないのだ。

また、借金というと、「取り立て」のイメージがあるかもしれない。だが、これも今日はまったく心配無用だ。10年前や20年前ならともかく、現在では自宅まで担当者が押しかけてきて強引に返済を迫ったりすることはまずない。

仮に自宅までやって来るようなケースでも、事務的な説明だけで、「すぐに返せ！」などと脅されるようなことはない。まして、借り手を自殺に追い込むような、悪質な取り立てはまず行われないだろう。


にもかかわらず、なぜ、人々は生活苦や借金苦によって自殺してしまうのだろうか。

筆者の私見では、それはやはり、今後の先行きに対して絶望してしまうからなのだろうと思う。

たとえその場をしのぐことができても、その後の人生の見通しや展望があまりに暗かったら、そしてそのことで頭がいっぱいになったとしたら、人はどんな気持ちになるだろうか。

今年はどうにか生活できたものの、来年は維持できるかどうかまったく分からない。今月の家賃と光熱費はどうにか払えたものの、来月は払えるかどうか分からない。今夜の食事はどうにか用意できたものの、明日は空腹を満たせるかどうか分からない――。

そういうことを考え始めれば、たちまち不安と絶望感で目の前が真っ暗になるだろう。そして、こうした不安と絶望感が、どれほど恐ろしいものであるか、どれほど人間の心をズタズタに引き裂くものであるか、体験したことのある人でなければ、まず理解できないのではなかろうかと感じる。

かくいう筆者は、そうした絶望を何度も経験している。

貯金通帳の残高や公共料金の請求書を見ながら、溜め息をつき、頭を抱えたことが何度もある。

出版社や編集プロダクションに出向いても仕事がもらえず、その帰りに電車を待っている駅のホームで、「いっそ、飛び込んだら楽になれるのに」などと考えたことは、それこそ数え切れない。

何度もそう思い、そのたびに紙一重の差で踏みとどまる。貧しさに苦しむとは、そういうことでもあるのだと筆者は実感する。

そういう心境になった者に、「カネのことぐらいで死ぬな」とか「頑張れば何とかなる」などといって、いったい何になるだろうか。何かの励みになるのだろうか。

デンマークの哲学者・キルケゴールは、「絶望は死に至る病である」といったが、まさにその通りだと思う。

貯金が底をついただとか、仕事が見つからないだとか、借金が返せないだとか、そういうことで人は死ぬのではない。

生きる気力がゼロになってしまったとき、人は死んでしまうのだ。

筆者は、経験的にそう感じる。

貧乏だからこそ趣味くらい持ちたい

貧乏とはいっても、最低限の趣味や娯楽は楽しみたいものだ。

こんなことをいうと「貧乏なら我慢しろ」とか「趣味が持てるなんて貧乏ではない証拠だ」などとお怒りになる向きがいるが、本当に貧乏で苦しんだ者であれば、娯楽の必要性は理解できるはずだ。

カネに困ると、実際の生活だけでなく、精神的にも余裕がなくなってくる。そういうときに、少しでも楽しめるものがあれば、厳しい現実に耐えることができるようになる。

このように、つらい毎日を生きていくためには、楽しみや喜びといったものが不可欠だと、筆者は経験的に実感する。

ただし、別項（169ページ参照）でも書いた通り、貧乏そのものを楽しむことはできない。竹中某という経済学者が、「貧乏をエンジョイしろ」などといったらしいが、勘違いもはなはだしい。こういう連中がいるから、世の中が良い方向に進まないのだ。

人間にできることは、貧乏している中でも工夫と努力によって楽しみを見つけることである。

それに、趣味とはいってもカネがかかるものばかりではない。散歩や、公園での昼寝などでも立派な趣味だと思う。

人によっては、「知識や教養が伴わないものは無意味」などという向きもあるが、それこそ心が貧困なのではないだろうか。趣味にまで実益を求めるとは、どこまで貧しい精神なのだろうかと感じてしまう。

本人が楽しいと感じられればそれで良い。趣味とは、元来そうしたものであろう。


筆者の場合、趣味として挙げられるのはカメラである。

読書もするが、あくまで筆者にとって読書は仕事である。マンガを読んでも、風俗情報誌をめくっても、仕事であることに変わりはない。

カメラについても、取材などでちょっとしたショットを撮ったりはするのでそういう意味では、仕事が2割で趣味が8割といったところかもしれない。

なお、腕前については本当に素人写真で、小学生の頃からカメラが好きだが、40年以上経っても撮影はとても下手である。ただし、カメラの性能に助けられて何とか使えそうな写真は撮れたりする。

いじるほうについては、古い銀塩カメラ、すなわちフィルム式カメラが対象である。最近では本当におカネがなくてほとんど買うことはできないが、そもそも、それほど大金が必要なものではない。

何しろ、さびついていたり、ホコリまみれになっていたりするカメラを修理するのが趣味なのだから、ネットオークションでジャンク品を安く買うことができればよいのだ。

オークションを検索すれば、「ジャンク8台」とか「古いカメラまとめて」などといったものが多数ヒットする。その中から、1960～70年代頃の金属製カメラを中心に目をつける。

購入の目安は、1回あたり送料を含めて1000円以下。それでも、かなりのカメラが手に入るのだ。

そんなふうにして入手したカメラ、具体的には国産のレンジファインダーやコンパクトタイプ、一眼レフなどが200台ほどある。しかもそのほとんどが、1台あたりの購入価格にして1円から高くてもせいぜい500円くらいのものだ。

1960～70年代のカメラは本当に面白く、いじるほどに感心し、感動するのだが、手元に届くそうした時代のカメラは、ホコリや砂に嫌というほどまみれていたり、サビついてどうにもならなくなっていたり、レンズがカビで真っ白く汚れていたりもする。

それを、アルコールなどでホコリや汚れを落とし、サビを磨き、ベンジンで古くなった油を溶かして掃除し、さらにオキシドールでレンズのカビをとるのだ。

すると、ほんの数時間前までスクラップにしか見えなかったカメラが、キチンと作動するようになることが少なくない。中には、外見がピカピカになるものまである。

1960年代といえば、大卒初任給がまだ1万2000～3万円という時代であるが、この頃、カメラは1台1万8000円～2万5000円くらいしたのだ。

それが今、高くても5000円程度という値段で買えるのもびっくりだが、修理すれば立派に動くというのもすごい。

実際、筆者はそうやって直したカメラで何度も写真を撮っている。これまた、感動的によく撮れるのだ。

趣味を通じ、こうした楽しみと感動が得られるからこそ、貧乏でも生きていこうという気持ちになれるものなのだ。

人間が生きていくためには、やはり趣味は必要だと実感する。

就職活動

先日、ビデオデッキが壊れた。ネットオークションで、たしか2000円くらいで購入したものだ。電源は入るのだが、録画や再生ができなくなった。新しく購入するおカネはない。たかが2000円の余裕もないのだ。諦めるしかない。

多くの人はこういうふうにいうかもしれない。「ビデオデッキで、むしろよかったじゃないか。冷蔵庫や洗濯機でなくて何よりだ」「ビデオなんて観なくても、死にはしない」などと。

確かに、その通りである。しかし、それらはすべて、余裕のある人たちの発想だ。貧乏だからこそ、つらく苦しい生活の中で、録画番組や映画を家族で観る一時がとても大切なのだ。わずかな娯楽があるからこそ、生きていくための気力が芽生えるのである。

ただ幸い、テレビはまだ映る。現在、我が家の日々の楽しみは家族そろっての夕食と、そのときに観るバラエティ番組である。

さて、2007年頃から落ち込み続けているライターの仕事だが、もはや限界のようで、ライター生活を支えていた雑誌媒体は減る一方だ。昔のように、どこかの雑誌から毎月あるいは隔月くらいのペースでまとまった仕事がもらえたらとても助かるのだが、そういう発注はもう何年も前からほとんどなくなった。

現在では、いくら企画を送っても、電話やメールで営業のあいさつを続けていても、ごくたまに単発の仕事を依頼される程度である。1つの雑誌で、年に3回も仕事が来ればいいほうだ。

ちょうど、派遣社員と同じようなものである。必要なときに仕事があって、終わったらそれっきりだ。

昨年、知り合いが編集プロダクションを立ち上げた。業務は順調のようで、スタッフたちは「忙しい、忙しい」とあわただしい。

それでも、筆者に仕事の依頼が来るのは2～3ヶ月に一度くらいだ。内容は、4ページ程度の企画が1本。おそらく、外部のライターに仕事を回せるほどの余裕がないのだろう。仕方がない。

こうした状況から、筆者は2013年の夏から就職活動を始めた。

2月にクルマが故障し、夜勤の仕事を失ってから数ヶ月、ライター専業で頑張ってきたが、生活を維持するのがもう不可能だと判断したのだ。

できれば正社員、無理なら契約社員かアルバイトで何とか働きたいが、クルマがないので、バスや電車で通勤できる職場でなければダメである。かなり限定されてしまうが、仕方がない。

しかし、状況は厳しい。経験も技術も資格もない50歳の男は、なかなか仕事が決まらない。電話での問い合わせの時点で断られるケースが多いし、履歴書を送っても、面接までこぎつけても、1週間くらいして届くのは「誠に残念」な結果ばかりである。

先日、やはり建設関係の会社の面接からの帰り道、どこをどう歩いたのか、気がつくと多摩川にかかる大きな橋の上にいた。

疲れと暑さで、意識が薄らいでいた。見れば、手すりがとても低い。

乗り越えるまでもなく、見下ろすと多摩川の河川敷である。ところどころが、コンクリートで固められている。川原までは、十数メートルはあるだろう。

（落ちれば、一瞬だな。一瞬で、楽になれるんだな……）

そんなことを考えていたとき、携帯電話が鳴った。知り合いのジャーナリスト、安田浩一氏からのメールだった。

そのとたん、筆者は正気に返った。安田氏のメールに、命を助けられた。

そして、暑い日差しの中を、再び歩き出した。

明るい要素などまったくない。明るい未来を想像しろといわれても、何ひとつ浮かばないが、それでも、進まなければならないのだ。

明日は、何かいいことがあるかもしれない。来週になれば、なにかいい知らせがあるかもしれない。今夜見る夢が、いい夢でありますように。
そんなふうに考えて、正気を保つしか手立てがない。

この本が出る頃には、どんな状況になっているだろうか。依然として就職活動を続けていて、『続・ビンボーになったらこうなった～50歳からの悲喜こもごも就活日記～』なんていう原稿を書いているかもしれない。などということは、まあないだろうけれども。

とりあえず、家に帰ろう。筆者にとって、家族だけが、最後の、そして唯一の財産だ。夕食の後は、こんな状況でも筆者と付き合ってくれる編集諸氏のもとに送る原稿を書いて、明日は朝から、履歴書用の写真を撮りにいこう。

明日も、朝から、消費者金融からの催促の電話が鳴るだろう。筆者はいつも通り、電話には出ず、鳴り続ける携帯電話に土下座する。申し訳ありません、現金が入ったら利息だけでも入金しますと、心の中で詫びながら。

ともあれ、明日もまた忙しい。悲惨で、不安で、情けない、そして自嘲的に少しだけ笑いが出るような、あわただしい日が待っているのである。

（了）

おわりに

「今年は去年よりも酷い」

知人などに会ったときなどに、家計や収入について決まり文句のようにそういうようになって6年ほど経っただろうか。年々、状況は悪化するばかりである。

メディアでは、アベノミクスだの景気回復だのという文言が飛び交っているが、筆者の周辺に、明るい要素は見当たらない。

この数年で廃業や解散となった出版社や編集プロダクションはいくつもあるし、知り合いのライターやカメラマンの中には、やはり廃業したり、連絡が取れなくなったりした者も多い。

出版界だけではなく、街を歩いても暗い光景ばかりが目につく。長年慣れ親しんだ商店が廃業するといった類などは、珍しくなくなった。シャッターに貼られた手書きの「閉店のお知らせ」を見ては、ふっと溜め息をつくばかりである。

筆者もまた、状況はたいへんに深刻だ。本文でも述べた通り、もともと勤めていた作業施設での夜勤ができなくなり、家計は厳しい状態が続いた。

ただ幸い、長期の治験バイトに参加することができ、少しだがまとまった現金を手にすることができたことと、知り合いが生活費の足しにならと借金を許してくれたので、それをもとに就職活動を続けた結果、アルバイト待遇ではあるが、仕事を得ることができた。

現在、筆者は都内のある施設内で夜勤の作業員として働いている。午後に出勤し、翌日の正午過ぎに帰宅する。連続勤務の場合には、詰め所で仮眠を取り、食事は近所の立ち食いそばか市販の菓子パンなどで済ます。

収入的には、フルに勤務しても家賃と光熱費程度しか得られないので、ライターの仕事も並行して続けている。

そういう状況なので、相変わらず時間的にも金銭的にも余裕はまったくない。ささやかな楽しみは、近隣にあるショッピングセンター「アリオ橋本」に家族で買い物に出かけたり、その中のフードコートでファストフードを食べたりすることである。

家族にもいろいろ負担をかけたり、不自由をさせてしまっている。本当に申し訳ないと思う。

さて、本書では、筆者の貧乏生活のみならず、他人や出版業界、社会への不満や愚痴などもだらだらと書きつづってしまった。みっともないと不快になった方も多いことだろう。

だが、突き詰めれば筆者自身の不甲斐なさ、無能さ、だらしなさが責められるべきだと十分に理解している。

こんな筆者が何とか生きていられるのは、ひとえに多くの人々の支援とはげましがあったからにほかならない。

実際、本文で紹介した差し押さえによって生活費が困窮した際、彩図社の担当の方に無理にお願いして、『色街をゆく』や『怪しい広告潜入記』（いずれも彩図社刊）の印税を前借りさせてもらったこともあった。

貧乏だと人が寄りつかなくなるものだが、それでも元気づけてくれる人はいる。30年来の付き合いがある静岡県在住の友人は、何かにつけてメールや電話ではげましてくれる。本当にありがたい。

さらに、筆者の36年来の恩師である文芸評論家の井口時男先生もまた、このだらしない筆者を何度も叱咤し、激励し続けてくださっている。

昨年、なかなか仕事が見つからず、どん底にまで落ち込んでいた筆者に、井口先生は「しっかりしろ」といいつつ「1人で背負い込むなよ」という言葉をかけてくださった。どれほど感謝しても足りないくらいである。

このほかにも、多くの心ある人々が、このろくでなしを支えてくださっている。

こうした方たちに、いつか恩返しがしたいと、強く心から思っている。

本書の刊行には、彩図社の編集長・本井敏弘氏と担当編集者・北園大策氏に大変お世話になった。深く感謝申し上げたい。

毎回、愚著の執筆に際して多大なご苦労をおかけしている両名には、本当に、感謝と、そして不甲斐ない筆者を支えてくださっていることへの申し訳なさでいっぱいである。

そして最後に、ご購読いただいた読者の皆様に、心からお礼申し上げる次第であります。

本書の印税も、家賃や公共料金、滞納している各種料金の支払いにあてられることは確実です。そうやって、筆者と家族がどうにか生活を続けることができるのも、読者の皆様のご理解あってのことです。本当に、ありがとうございました。

２０１４年2月吉日　橋本玉泉　再拝

著者略歴

橋本 玉泉（はしもと・ぎょくせん）

1963年、横浜市出身。トラック運転手、学習塾の時間講師、コンビニ店長、経営実務資料の編集、販促ツール等の営業、フリーペーパー記者、派遣労働者、夜間工場内作業員など数々の職業を経験。

91年からフリーライターとして活動開始。歴史や世相、庶民生活などといったジャンルのほか、企業関係や事件・犯罪に関するテーマも手がける。現在、肉体労働系の仕事と平行して執筆業を続けている。

ウェブサイト「メンズサイゾー」「日刊サイゾー」「サイゾーウーマン」などにも記事を執筆。著書『色街をゆく』『怪しい広告潜入記』（彩図社）、『仮面の消費者金融』（鹿砦社）など。

ビンボーになったらこうなった！

2014年3月28日第1刷

2014年12月17日第2刷

著者　橋本玉泉

発行人　山田有司

発行所　株式会社　彩図社《さいずしゃ》

〒170-0005

東京都豊島区南大塚3-24-4　MTビル

TEL 03-5985-8213　FAX 03-5985-8224

URL：http://www.saiz.co.jp

http://saiz.co.jp/k（携帯）→

印刷所　新灯印刷株式会社

ISBN978-4-88392-975-7　C0195